平凡社新書
955

ぼくは縄文大工
石斧でつくる丸木舟と小屋

雨宮国広
AMEMIYA KUNIHIRO

HEIBONSHA

はじめに

「原始人から学ぶものなど何もない」と普通は思う。

しかし私は、「原始時代の道具」からたくさんのことを学ばせてもらっている「縄文大工」なのだ。簡単に説明すると、「石斧《せきふ》を使って暮らしに必要なものをつくる職人」だ。

これまで普通の大工と宮大工を経た後、縄文小屋の復元や、縄文時代の丸木舟をつくり、歴史考証の手掛かりとなる仕事をしてきた。

現代社会では、生計が立つ仕事にはならないが、私は縄文大工の修業を積み、職業としている。「こんな馬鹿な現代人がいるんだ」と思った方には、「衝撃を与える本」になるだろう。

実は私、「自分の長所は馬鹿なところだ」と思っている。世の中、利口な人間ばかりいたら、面白くもなんともないだろう。「馬鹿なりに、物事を考え、実践し、生きること」で世の中に面白さが生まれるのだ。

確かに馬鹿な私は、利口に立ち回れない分、「生きづらい」。しかし「生きづらい世を生きる」ことで、現代社会の本質が見えてくるのだ。

二〇五〇年の世界人口は、なんと約一〇〇億人と予測されている。

人口増加の三大要素である「農耕、牧畜」「都市国家」「科学技術」が、「人間の暮らしを豊かに進歩させたのか」、今こそ真剣に考える時ではないだろうか。

地球の恵みを大量に消費する人間社会のシステムを変える行動が今、全世界の大人達に求められているのだ。

しかし私達は、自然と共に豊かに暮らす術である「人類七〇〇万年の英知」と「豊かな地球環境」を文明と引き換えに捨ててきてしまったので、とても厳しい状況下にいる。

今こそ、「馬鹿とハサミは使いよう」である。今まで何の役にも立たないと思っていた「原始人の暮らし方」に、今の世を変える鍵があるかもしれないのだ。原始的暮らしを探求し、現代に取り入れていこう。

ぼくは縄文大工●目次

写真　的野弘路、高田秀樹、雨宮国広、原康司

第一章 縄文大工になったわけ

写真：丸木舟の材料となるご神木を伐《き》る
（国立科学博物館提供）

大工の道を歩み出した修業時代

高校卒業後、俳優の道を志したが、夢破れて帰郷。やりたい仕事が見つからず、迷っていた時だった。たまたま手にした建築雑誌で、丸太小屋づくりのアルバイト募集記事を目にした。

幼い頃から、ものづくりが大好きだった私は、その記事に引き寄せられた。早速、山梨県武川《むかわ》村（現北杜《ほくと》市）の作業現場を訪ねてみた。

山梨県は、四方を山に囲まれている山紫水明の地であるが、私はこの場所に、何か別の世界を感じた。まるで、ヨーロッパのアルプス山脈を思わせるような山々が、出迎えてくれたのだ。「ここで暮らしたい」と思うほどの美しい大自然だった。

幸い、アルバイトの許可も出て、次の日から、原木丸太の皮むきが始まった。目の前に現れたのは、巨大な丸太だ。

直径四五～五〇センチ、長さは一二メートル、材種はアメリカ産の松である。これだけの大きな木なので、当然、樹皮も硬く厚い。

なんとこのゴワゴワした樹皮を、機械の道具でなく手動の道具で削るのだ。

その道具は、鉈《なた》のような形をしていて、両側に取っ手が付いている。その取っ手をぎゅっと握り締め、腰に力を入れて全身の筋力で手前に引くのだ。この一度の作業で、かなりのパワーを消費する。

さらに、この作業を何千回と繰り返さなければ、全体に美しい木肌にならないのだ。

最初は一日二本程度であったが、一週間作業すると一日二本半に、二週間作業すると、三本の原木丸太の樹皮を削り取ることができた。

玉のような汗をかきながら一心に削る。

ふと手を休めると、さわやかな風が、私を包み込むのだ。その爽快感は、疲れた体を一瞬で元気にしてくれた。

楽しい時間は、あっと言う間に過ぎ去っていくものだ。山のように積み上げられていた原木丸太も、あと数本となった。それは、アルバイトの終わりを告げるサインでもあった。

私の心は、もっともっとこの仕事をやりたいと叫んでいた。

この心の声が届いたのか、丸太小屋をつくっている大工の棟梁《とうりょう》から、「雨宮、大工にならんか！」と声をかけられた。

この時から私の、本格的な大工修業が始まった。

大工修業と聞いて、皆さんはどんな作業を想像するだろうか。おそらく両手に金《かな》槌《づち》とノミを持って角材に穴を掘ったり、カンナで柱を削る姿であろう。確かに、これも大工修業の姿ではあるが、このような作業は、数年の修業を積まなければできない。

では、どんな修業からスタートするかというと、皆さんが毎日やっている掃除なのだ。

この仕事がちゃんとできるようになって初めて、その先の仕事を学ばせてもらえる。

「雨宮！　いいか！　神様は、目に見えない所を歩くから、床下、壁の中、天井裏、

チェーンソー。どんなに硬くて太い木も伐り倒すが、ガソリンがなければ動かない

屋根裏をしっかり掃除しとけ」と、親方（大工の棟梁）から耳にたこができるほど言われた。

親方の気に入った掃除ができなければ、大工道具を握ることが許されないのが職人の世界である。半年ほど掃除をしながら、常に親方の仕事を見て、作業手順や道具の使い方を覚えていく日々であった。

ある日突然、親方から「やってみろ！」とチェーンソーを渡された。

その時、丸太の皮を削りながら、チェーンソーに魅了されていた過去の自分を思い出した。

それは、澄み切った青く濃い空に響き渡る心地よい音色だ。

「ブオン、ブオン、ブオーン」

音色を奏でているのは「ハスクバーナー254」という、スウェーデン生まれの高性能チェーンソー、丸太小屋づくりの花形道具なのだ。人気の秘密は、なんといっても、強力な馬力にある。人間の肩幅もある丸太を、ものの一〇秒ほどの秒速の世界で、あっという間に切断してしまう。

この音色と秒速の世界に心奪われた私は、「アクセルレバー全開で、ハスクを使ってみたい。この秒速の仕事が生み出す音色をブォンブォンと響かせて、周りの雄大な自然と共鳴できたら、どんなに楽しいことか」なんてことを思いながら、丸太の皮を削っていたのだ。

この日頃の念願がついに叶い、私は次の日から、アクセルレバー全開で丸太を伐《き》って伐って伐りまくった。爽快な音色が、私の魂に火をつけたかのように……。

しかし、丸太を伐れば伐るほど、私が奏でるハスクの音色は、親方の音色と違い、不協和音になっていくのだ。

「なぜだろう、同じハスクなのに」

そこで私は、親方のハスクを使わせてもらうことにした。

すると、今までアクセルレバー全開で、丸太を切断していたのに、アクセル半開でも、ものの見事に伐れるのだ。

「切れる」という本質をこの時、初めて体験した。

「いったい全体、何が違うのだろう」

悩んでいる私に、親方が言った。

「刃が切れんだわ」

言われてみれば簡単なことだが、経験がなければ、こんな簡単なことも気づかないのだ。

確かに、どんなに馬力のあるエンジンでも、数十個とあるチェーンの刃先が鋭利になっていなければ、よく切れるわけがない。親方から手渡された時のハスクの刃は、親方の手技によって、鋭利に研ぎ澄まされていたのだろう。

ところが、何十時間も使用しているうちに、刃先がだんだんと丸くなっていったのだ。

おそらくこの原理は、形ある物は、常に姿を変えるという、万物に共通の、普遍的現象であろう。

さて、この丸くなった刃を、どうしたら切れる刃にすることができるのか。掃除をしながら、親方がチェーンソーの刃を研いでいるのを何度か見ていたので、その時を思い出しながら、見よう見まねで研いでみた。

しかし、あの丸太の中に自然に吸い込まれていく、親方のハスクの切れ味にはならないのだ。途方に暮れている私に、また親方のひと言が飛んできた。

「研ぎ一生」

深い深いひと言であった。「研ぎは、一生かかっても満足できないもの」という意味である。

いくら高性能の機械でも、刃を研ぐことや、操作するのが人間である限り、道具の能力を引き出せるかは、人間の技量に左右される。

だからこそ、技を磨かなければ、よいものづくりができないのだ。

そうこうしているうちに、丸太小屋も仕上げ段階に入ってきた。

作業工程を振り返ってみると、まずは原木丸太の皮をむき、その丸太を一本一本積み重ねて、四方の隅を組み合わせ壁を立ち上げていく。

次は、壁の両側から斜め四五度に、屋根板を受ける垂木《たるき》を棟木《むなぎ》に載せて、屋根板を打ちつける。屋根ができたら今度は、床板を一番下の大引きに打ちつける。

ここまでで、家の八〇パーセントができ上がる。

なんと、ここまでつくるのに使用した道具の八〇パーセントが、チェーンソーと言っても過言ではないのだ。

チェーンソーは丸太小屋づくりのあらゆることをこなす万能な道具と言える。

しかし、いくら万能な道具でもできないこともある。

全体の二〇パーセントの大工仕事は、チェーンソーのようなハイテクな機械道具ではなく、カンナやノミのようなローテクな手道具が必要とされる。

チェーンソーが丸太小屋の花形なら、ノコギリ・カンナ・ノミは、大工道具の象徴であり、伝統建築の美をつくり出してきた立て役者である。

チェーンソーを自由自在に操る親方の姿にひと目惚れしたが、仕上げ作業でカンナやノミを、ある時はしなやかに、またある時は力強く使う親方の姿にも惚れてしまったのだ。

残念ながら、丸太小屋づくりの現場では、匠の世界のように、カンナやノミを使うことはできなかったのだが、その思いが、次なるものづくりの世界に挑戦する意欲を生み出したのだ。


その後、私は大工の父と注文住宅の工事をしながら、夜は二級建築士の資格を取得するべく、夜間高校へ通った。

専攻科入学当初から、「二級建築士」を目指していた私は、卒業して二年後に努力のかいあって見事合格した。

すでに設計されている家を現実の形にするのが仕事であったため、直接現場の仕事に生かされることはなかったが、大工技術の向上にプラスに働いた。

その後は約三年間、父と一緒に大工仕事に専念し、毎日大工道具を握り続けることができた。

これだけ修業すれば、さぞかしノコギリ・カンナ・ノミといった手道具を、自在に使いこなす匠の姿を想像されるだろう、ところがどっこいなのだ。

丸太小屋づくりでも同じであったが、現代住宅の建築現場は、さらにハイテクな大型機械道具が作業の中心となっていたのである。

ハイテクな大型機械道具とは、スイッチを押せば、電気モーターの力で刃が回転して、自動的に木を伐ったり、削ったり、穴を掘ったりしてくれる道具達のことだ。

そのため、手道具を自在に操る匠の技まで到達できる環境ではとてもないのが、今の建築現場の実態である。

実際、三年間の大工仕事でも、手道具（ノコギリ・カンナ・ノミなど）を使う機会は、和室の部屋がない限り本当に少ない状況であった。

もっともっと、手道具を使いたいと願っている自分が見えてきたのだ。

匠の世界に求めたもの

「宮大工」といえば、世界最古の木造建築「法隆寺」など、寺や神社をつくる匠のことだ。そのもとでなら、伝統技術を支えてきた手道具の習得ができるだろうと思った。

幸運なことに、私の住んでいる地域に社寺建築を専門とする工務店があったのだ。

だが、宮大工の道を歩みだすには、二四歳では遅いかもしれない。

簡単に入社の許可はおりないだろうと思いながら、恐る恐る玄関の戸をノックした。これまでの経緯を話し終わると、なんと入社を許可して下さったのだ。

しかし、世間は甘いものではなかった。最初に配属されたのは、江戸時代に建てられた重要文化財の民家の修復現場だった。今まで新しい建物ばかりつくってきた私にとって未知なる領域であった。

基本的な仕事内容は、古材の傷んだ部分を取り除き、新しい木材を継ぎ木して修理することだ。言葉では簡単に説明できるのだが、実際にやってみると、容易なことではない。何十年も経験のある大工でも、てこずる仕事なのだ。

修業を始めて四年目の私に、できる仕事は掃除ぐらいであった。

これも立派な仕事であるが、やがてもう一つ立派な仕事を任された。

古材に付いた何百年分の汚れを、タワシでこすって綺麗にすることだった。

一見単純な作業と思われるが、深い仕事だ。この作業で古材の材種が何であるかの判断がしやすくなったり、木材表面に加工線が書けたり、どれほど木材が傷んでいるのかもわかりやすくなるのだ。

また、こすると木肌が現れるので、いろいろな情報を読み取り、作業効率を上げられる重要な作業なのだ。

左がマサカリ（大波）、右がチョウナ（小波）の加工跡。ひとつひとつの削り跡に職人の魂が込められている

来る日も来る日もタワシを握り締め、真っ黒く煤《すす》けた古材の肌をピカピカになるまで磨き上げた。

ある日私は気がついた。古材の表面は真っ平らではなく、ボコボコしている。

その模様は、整然と押し寄せるさざ波のようであった。

波を上から見た状態のように、すべてが同じ模様ではなく、波と波の間隔が広い大波模様のものもあった。中には、大波、小波が入り混じった波模様もあった。

今まで平面になっている角材製品しか見たことがなかったので、いったいこの波だつ歪《ゆが》みだらけの角材が、どのような道具で削られたのか、皆目見当もつかなかった。

この波模様以外の、古材表面の加工跡に使われた道具は、想像できていた。例えば表面が真っ平らに削られて、ツルツルに仕上げられているものはカンナ。表面は平らであるが、ザラザラしていて斜め四五度に細かい斜線が刻まれているものはノコギリ。今まで私が使用した道具の刃の跡は理解できた。

しかしどう考えても、この古材のボコボコの跡を加工した道具は思いつかなかった。本当にこの道具は、現実の世に存在するものなのか、まるで狐につままれたようだった。

すると、「コン、コン、コン」と作業小屋の奥から聞こえてきた。今まで現場で、聞いたことのない音色だった。もしかしたら、あの波模様をつくり出す道具かもし

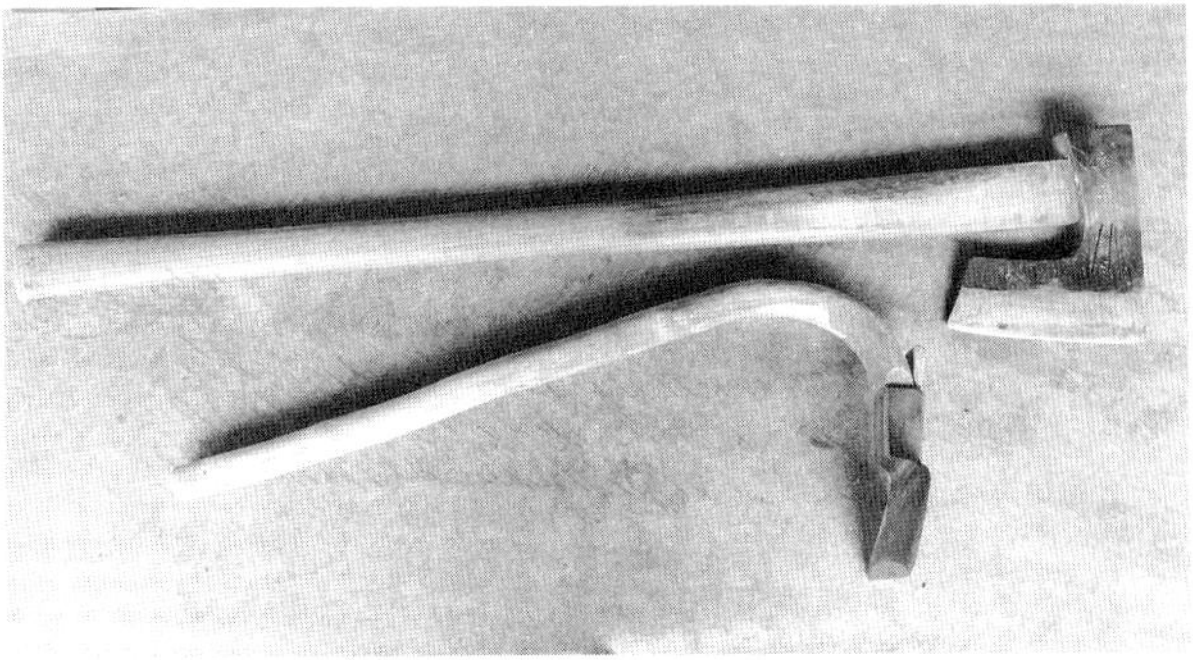

上がマサカリ、下が手斧。丸太を角材にする時、大活躍する。削り跡が美しい

れない。近くに駆け寄ってみた。

　案の定、その道具は今まで見たことのないものだった。木の枝を九〇度に曲げた先に平たい刃が付いていた。

　聞けば「手斧《ちような》」という道具だそうだ。古老大工は、すでに角材となっている平面に、建設当時と同じ小波模様を付ける作業をしていたのだ。まるで、得体が知れない化け物に出会ったかのように見入る私に、古老大工は言った。

「この手斧は、大工道具の元祖だ」

　とたんに手斧に対して、探求心が芽生えた。

　小波を打ち出したのが手斧であることは理解できた。しかし、あのもう一つの跡である大波は、どうやら手斧の跡ではないこともわかった

(後年、マサカリということがわかった)。

これからが楽しみの文化財修復現場であったのだが、異動命令が出た私は、泣く泣く現場を後にした。

次の現場は、寺の本堂を新築する、私のもっともやりたい仕事であった。手道具をたくさん使えることへの期待に胸を躍らせながら、現場へ飛び込んだ。

住宅現場では、ノコギリ二、三丁、カンナも二、三丁、ノミは数本あれば事足りた。

ところがさすが社寺建築、その手道具の数に圧倒された。特殊な手道具が何十種類と使用されていたのだ。心はさらに躍った。

しかし、自分の道具を持っていなければ、仕事にならない世界である。ところがこの道具、特殊なだけあって、どこにでも売っているものではなかったのだ。全国的に見ても、数軒の道具屋さんしか取り扱っていない。だが、なんとその貴重な道具屋さんが、地元にあることがわかった。私はこの幸運に感謝し、毎月のように通っては、少しずつ道具を揃えていった。

　新しい道具が手元に来るたびに、早く使ってみたくてワクワクした。いろいろな手道具が使える楽しさの中で、六年の歳月は、あっという間に流れ去っていった。

　思い返せば、大工修業を始めてから一〇年。ここまでいろいろな現場を体験してきた。丸太小屋からスタートして、一般住宅、文化財修復、社寺建築、数寄屋建築、民家再生、水車など……。

　このような伝統的ものづくりの世界でも効率が求められるようになり、潮流は、機械が主体であることがよくわかった。

　私はちょうどその頃から、機械道具や鉄の道具を使うものづくりに、なぜか腑《ふ》に落ちないものを感じていた。自分の本当の性根に合致しない何かを、感じ始めていたのだ。それが何かを気づかせてくれたのが、石斧であったのだ。

　一〇年をひと節とすれば、私は人生の岐路に立たされていた。

雨宮大工の開業

　このまま工務店に勤めながら、宮大工の修業を続けていくのか、それとも独立して新たな道を拓いていくのか。中途半端な志では、何事もなし得ないという気持ちを胸に独立し、「雨宮大工」を開業した。

間違いなく言えるのは、機械と鉄の道具を使う仕事の中では、その答えが見えなかったことだ。

鉄斧やチェーンソーは、弥生時代から現代までのものづくりを学ばせてくれた。その中で腑に落ちなかった何かに、石斧は気づかせてくれた。

私は、その何かを石斧と共に、考えていきたいと思った。今から一一年前のことだった。今、私はこの原稿をペンで書いている。一本のペンがあれば何でも書けるように、一本の石斧があれば、何でもつくれる。

一つの道具から生まれ出る多様な世界は、まさに、宇宙そのものではないか。

今、世界の目標は「持続可能な社会」の扉を開けることだ。石斧を使ったものづくりがたとえ今、資本主義社会に必要とされない「道楽仕事」でも、私は石斧を通じて人類が置き忘れてきた鍵を探し、実践的な行動に挑戦していきたい。

第一章
能登に縄文小屋を建てる

写真：能登・真脇遺跡での
縄文小屋復元作業

石斧との出会い

二〇〇八年、私は大工道具のイベントの中で、杉の丸太をマサカリで斫《はつ》る実演をした。その隣では、石斧を使って丸太を切断する、体験イベントが行われていた。先に実演を終えていた私は、その石斧体験を眺めていた。

鉄の道具しか頭の中になかった私は、そもそも石斧を道具として認識していなかった。ただ漠然とその場に立っていたのを思い出す。

その時、石斧の使い方を指導されていたのは、東京都立大学教授の山田昌久さんであった。先生は、ただ遺跡から出土した石斧を復元されるだけでなく、復元した石斧で、実際に木を切断する実験をされている。日本はもとより、世界を代表する石斧研究者であった。

この何の変哲もない出会いが、その後の私のものづくりに大きな影響を与えることは、その時は知る由《よし》もなかった。

二〇〇九年の夏、山田先生は、私達の「小さな削ろう会」という、手道具を使う

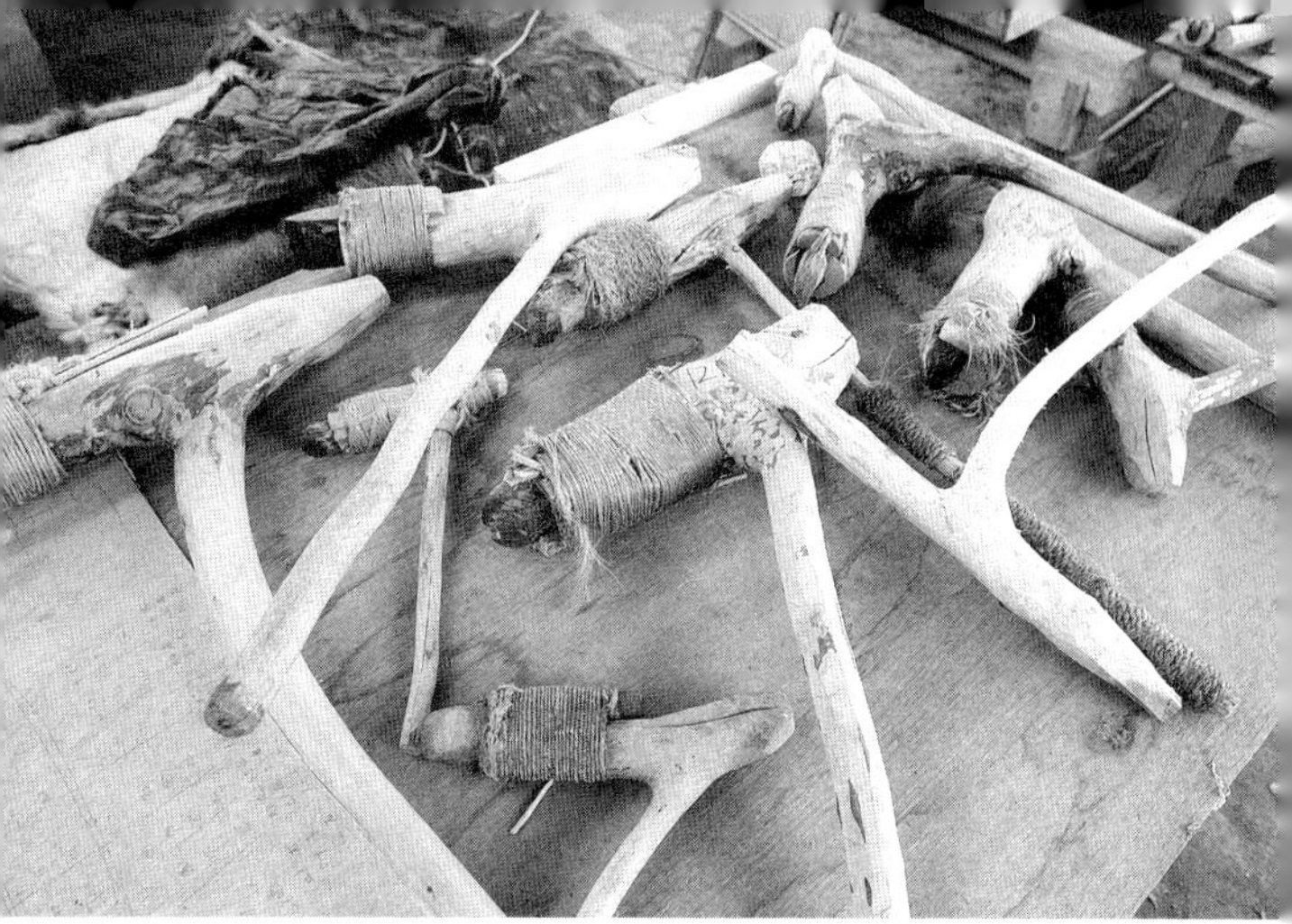

自宅の工房にある、手づくりの石斧

職人の集いの木づくり作業（丸太の加工）を見学に来てくれた。

数日後、私の自宅に石斧の原材料になる原石が五キロほども送られてきた。おそらく私が、「石斧をつくりたいので、原石を送って下さい」とお願いしたからだろう。その時、どのような経緯で石斧の話になったかは記憶にない。石斧に興味を持った動機として大切なところであるが、記憶にないということはその時の興味の度合いは低かったようだ。

数ヶ月後、自宅の作業場の隅に放置されたまま、ほこりを被っている原石に気づいた。

せっかく送っていただいた、心ある大切なものを、このままにしておいてはいけない。

遅ればせながらそう思った私は早速、その場で石斧づくりを開始した。

石斧をつくる

無論、石斧の知識はほとんどなかった。そもそも「石ころ」を、ものづくりの道具などと思っていなかった。

小学四年生の頃、石斧づくりに挑戦したことはあったが、まったく使いものにならなかったこともあり、せいぜい、マンモスを倒す時に使われる「野蛮な武器」の印象しかなかったのだ。

石斧の知識は、この程度の幼稚なものであったが、鉄の斧については、古墳時代まで遡り学んだことがあった。

二〇〇七年、山梨県立考古博物館より、「山梨県銚子《ちょうし》塚古墳から出土した、木柱のレプリカをつくってくれないか」という話が来た。山梨には六〇〇ヶ所もの古墳があり、考古学の研究が盛んである。

現代の鉄斧《てつぷ》でもよかったのだが、知人の鍛冶《かじ》屋に古墳時代の斧をまねて製作してもらった。実際、その鉄斧の性能は、現代の鉄斧と変わらないどころか、むしろ、使いやすいと思わせたほど素晴らしい斧であった。

現代の鉄斧は、刃の身の部分に穴を開け、その中に木製の柄を差し込みつくられているが、古墳時代の鉄斧には、柄に斧の刃を縛り付けるタイプと、柄に穴を開けて、その中に鉄斧を差し込むタイプの二つが考えられている。

左から現代の鉄斧、古墳時代の鉄斧（2本）、最初につくった磨製石斧

私は、後者の鉄斧で、木柱をつくった。この作業で、どのように斧の刃を差し込む穴の形をつくれば、柄が割れず、刃を強く固定できるかを知ることができたのだ。

問題は、石の刃の形状だ。どうすれば切れ味よく長持ちする刃になるだろう。最初から、わかるわけがない。失敗を繰り返して初めてわかるのだ。そう自分に言い聞かせ、原石を四等分した中の一つの石を、職人の勘を働かせて削り出していった。

勘のみによって削り出された形は、まるでアヒルのくちばしのような刃になった。長さ二三センチ、重さは八〇〇グラムだった。

後は石の刃を柄に差し込めば完成だ。柄の穴の掘り方は、鉄斧づくりの経験が生きた。石の刃は柄に吸い込まれるように、スッと入っていった。

石の刃と木の柄は、まるで一つの生き物であるかのような「石の道具」として、生まれ変わったのだ。

この時点でも石斧への私の腹のうちは、野蛮な武器という印象でしかなかった。石斧の素晴らしさを知るには、ここから先の体験が必要だったのだ。

我が家の隣にある作業場には、日頃木づくり練習をするために、栗の木の原木丸太が、所狭しと置かれている。

私は、その栗の丸太を作業台の上に置き、石斧を振り下ろした。

「コーン」、私の心は青空になった。

一点の濁りもなく、どこまでもどこまでも青く深い光に満ちた。

「これだー！　これだったんだ」このひと振りの一瞬の世界で、私は覚悟できたのだ。

「この道具と共に生きる」と。

「石斧をひと振りしただけで何がわかる？」と思われるだろうが、「これだー！」という心の叫びの中に、鮮明に見えたものがあった。

それは、石斧の持っている「潜在能力の高さ」だった。

今まで、機械や鉄の道具を何百種類と使い、伝統技術や伝統的道具にこだわってものづくりをしてきたが、「この石斧一本あれば、何でもつくれる」と感じたのだ。

縄文の遺物が語る住まいを求めて

その後、石斧研究を続けていたが、案の定、仕事は一つも入ってこない。現実の社会では、仕事の依頼はないのだ。生きていくにはとても大変な選択であったが、あきらめることはできなかった。

すると、石斧と出会ってから六年後、縄文大工として腕を試される「縄文小屋づくり」の仕事が舞い込んできた。依頼者は、縄文時代のイルカ漁や環状木柱列（円形の巨大な柱の列）で有名な、石川県能登町にある「真脇《まわき》遺跡縄文館」であった。

この企画は、能登町地域文化遺産活用事業の一環として、二〇一五〜一七年の三年計画で、縄文時代の遺跡から出土した遺物を参考に「縄文時代の住まいを想像しみんなでつくる」という目的で実施された。

半年間の協議の末、一年目は、各分野の専門家と縄文小屋について議論し、設計の検討を行い、私が設計を担当することに決まった。

残りの二年間を専門家と一般の参加者が協力してワークショップを行い、みんなでつくり上げる計画だった。

私はその時、日本各地に復元されている縄文小屋とは違ったものをつくり出したいと思った。皆さんも一度は歴史の教科書や博物館などで、「縄文小屋」を目にし

復元環状木柱列（真脇遺跡公園内）

真脇遺跡で発掘された、縄文時代中期の平地式住居跡。竪穴式住居のような地面の掘り込みがない

たことがあるだろう。私も、復元された縄文小屋に入ったことが何度もあるが、どの小屋も室内が暗く、じめじめしていてカビ臭く、入口からはどんどん外気が入ってくる。とても「人間の住まい」と思えない住環境の悪い小屋ばかりだった。実際に人が住んでいないせいもあるが、それ以前に「住みたいと思える縄文小屋」ではないのだ。

このような小屋に住んでいた、一万年以上にわたる縄文人達の暮らしを想像すると、人間の暮らしを向上させようとする文化的意欲もなく、一万年以上も創意工夫もせず、ただ単に雨風をしのぐための小屋で満足していた文化的レベルの低い野性的暮らしをしていたと思ってしまう。おそらくこのようなイメージは現代人の共通認識だろう。

しかし、これが本当の縄文人達の姿であろうか。残念ながら、縄文人や縄文小屋を本当に知っている人は誰もいないのだ。

全国各地に復元されている縄文小屋の形は、出土した建築材料と思われる遺物や、柱を立てるための穴の跡、それを取り囲む地面の形状などをもとに考えられている。

地面から上の形状はそれらをもとに「たぶん、こうだろう」と想像してつくられたものなのだ。

私はその過程に、遺跡としては残らない人間の精神世界と、建物をつくる石器道具の能力、さらにその道具を使う人間の技術力を加味して想像すべきだと思っている。

精神世界を知る手掛かりは、縄文時代の暮らしの遺物にある。土器・石器・狩猟・採集の道具などの衣食住を支えるものや、土偶や石棒などの祭祀《さいし》道具、髪飾りや貝のブレスレット。動物の骨や、石や土でできたネックレスやイヤリングなどの装飾品などを見れば、縄文人の暮らしぶりが浮かんでくる。

私が感じる縄文人の姿は、手工芸技術が高度であり、多種多様な一品ものからは、一人ひとりが創造的美意識を持っていたことがわかる。皆さんも縄文時代の遺物をご覧になれば、このようなことを感じられるのではないだろうか。

このような能力を持っている人々がつくる住まいは、当然美しい住まいになるだろう。

さらに、古民家や現代の伝統的木造住宅にも使用されている木と木だけで組み合わせた建物の骨組みをつくる木組み工法が、石斧ならば可能だと思った。従来の専門家の定説ではつい最近まで、この木組み工法が鉄器の登場と共に弥生

木材に穴を開け、ほぞに差し込むことで固定する木組み工法の例（縄文小屋建設現場）

ほぞ（木材を組み合わせるために削った突起）のある建築部材の出土は、かなり珍しい例（2015年発掘）

時代頃から使用され始めたと考えられていた。

ところが、この木組み工法を想像させる建築部材が、二〇一五年に真脇遺跡の発掘調査で出土したのである。出土した部材は、三二〇〇年前頃（縄文時代晩期）のもので、長さ九一センチ、幅一六センチ、厚さ六センチで全体的に平べったい楕円形をしている。ここからがポイントなのだが、先端部分に長さ一〇センチで太さ六センチの「ほぞ」が削り出されているのだ。「ほぞ」とは、木と木を組み合わせるために削り出した突起のことで、差し込む穴は「ほぞ穴」という。

この出土部材が当時どのように使用されたのかを、現在の木造建築に照らし合わせて考えてみると、梁《はり》材か桁《けた》材（柱の間に架ける水平部材）に掘られたほぞ穴に差し込む柱材と考えることができる。

ということは、私の考えていた石斧による木組み工法（ほぞとほぞ穴を使用して二つの木材を直角あるいは斜めに接合し、建物を組み上げる）は、根拠のない空論ではなく、裏付けのある工法であったのだ。

六年間、石斧の能力を研究してきた成果を、三二〇〇年の時を経て出土したほぞ付き部材が立証してくれたのだ。何かしらの運命を感じ、縄文人達の素晴らしいものづくりの技術を伝える使命をも痛感した。

縄文小屋の設計では、この「木組み工法」を柱とし、縄文人達が残してくれた美しい遺物から、私達現代人へのメッセージを感じ取り、その縄文の精神性を表現することを目指した。

現代社会が失ってしまった持続可能な住まいの形を求めて、石斧を手に、みんなで美しくてかわいい縄文小屋をつくり上げることを決意した。

縄文小屋を設計する

真脇縄文小屋の小屋組み工法は、扠首《さす》組みまたは合掌づくりと呼ばれているもので、茅《かや》屋根を形づくる傾斜した山型の骨組みのことである。手を合わせて指先だけを付けた状態で、両側に手の平を広げた形であることに由来して呼ばれているのかもしれない。

この小屋組みは、茅屋根をつくる時の基本的な構造であり、現存する古民家の茅

縄文小屋の全体像模型（筆者作製）

屋根も合掌づくりである。

　合掌づくりの初期的な形は、梁や桁などの軸組み（柱・梁・桁などで構成された骨組み）を持たない掘立て式棟持柱《むなもちばしら》と、垂木から成る小屋組みから始まり、後に小屋組みの下に軸組みがつくられるようになったと私は考えている（七六、七七ページ参照）。

　ということは、竪穴式住居は、単に床を地面より掘り下げてつくった掘立て小屋ではなく、小屋組みに軸組みが付け加えられた「画期的な建築様式」であったと同時に、現在の住まいの原形でもあったのだ。

　さて、快適な住まいを設計するのに必要なことは深い知識である。その知識の裏付けとして、自分自身が実際に縄文小屋らしき住まいに暮らしてみることが必要ではないだろうか。自分が体験していないことを、知識だけに依存して設計することは、無責任なことだし、それでは現実的に快適な住まいにはならないと思ったからだ。

二〇一二年、私は自宅の庭の片隅に、子供達と一緒に、三畳の縄文小屋らしき小屋をつくった。早速その小屋で定期的に暮らしながら、真脇縄文小屋の設計を始めたのだ。

実際に本物の火で煮炊きし、暖を取り、寝起きしてみると、今まで理論的に頭の中で理解していたことが、いかに現実に起こる、複雑な自然現象の前では役に立たないかがわかった。

この体験を生かし、設計した縄文小屋を説明したい。

最初に建物の広さは大人六人が暮らすと仮定し、一六畳（二六・四平方メートル）の室内床面積とした。寝る所、食事と団らんする所、暮らしの道具などを置く所を確保できる必要最低限の面積だ。この広さは、私の小屋暮らしの体験から、一人当たり三畳分あれば十分だと推測した。

縄文時代の小屋の床面積は、大小さまざまあるが「平均すると二〇平方メートル（約一二畳）」と言われているので、当時の床面積とほぼ同じである。縄文時代の家族構成がどうであれ、大人六人が暮らせる広さであることは間違いないだろう。

私が大工の仕事で感じたのは、お客様は「大きな家」ほど立派で文化的だと思う傾向があることだ。小さな家を提案すると、「こんな小さな家では快適に暮らせないよ」と跳《は》ね返されたことがたびたびあったのだ。私達の理想の住まいの広さは、おそらく巨大な古民家や二階建ての五〇坪以上もあるような現代住宅のイメージでつくり上げられている。

しかし、縄文人は、小さな小屋でも立派に文化的に暮らしてきただろう。

そもそも古民家が巨大なわけは、使用目的の中に「養蚕《ようさん》」という経済産業を行う目的があったからだ。現代住宅には、経済産業の目的はなくなったが、大正時代頃から住まいの機能の中に、浴室、トイレ、廊下、洋間などの空間がつくられるようになった。時代と共に西洋文化が普及し、子供部屋のような個室も増え、大きな家が豊かさの象徴となり、住まいは大規模化していった。

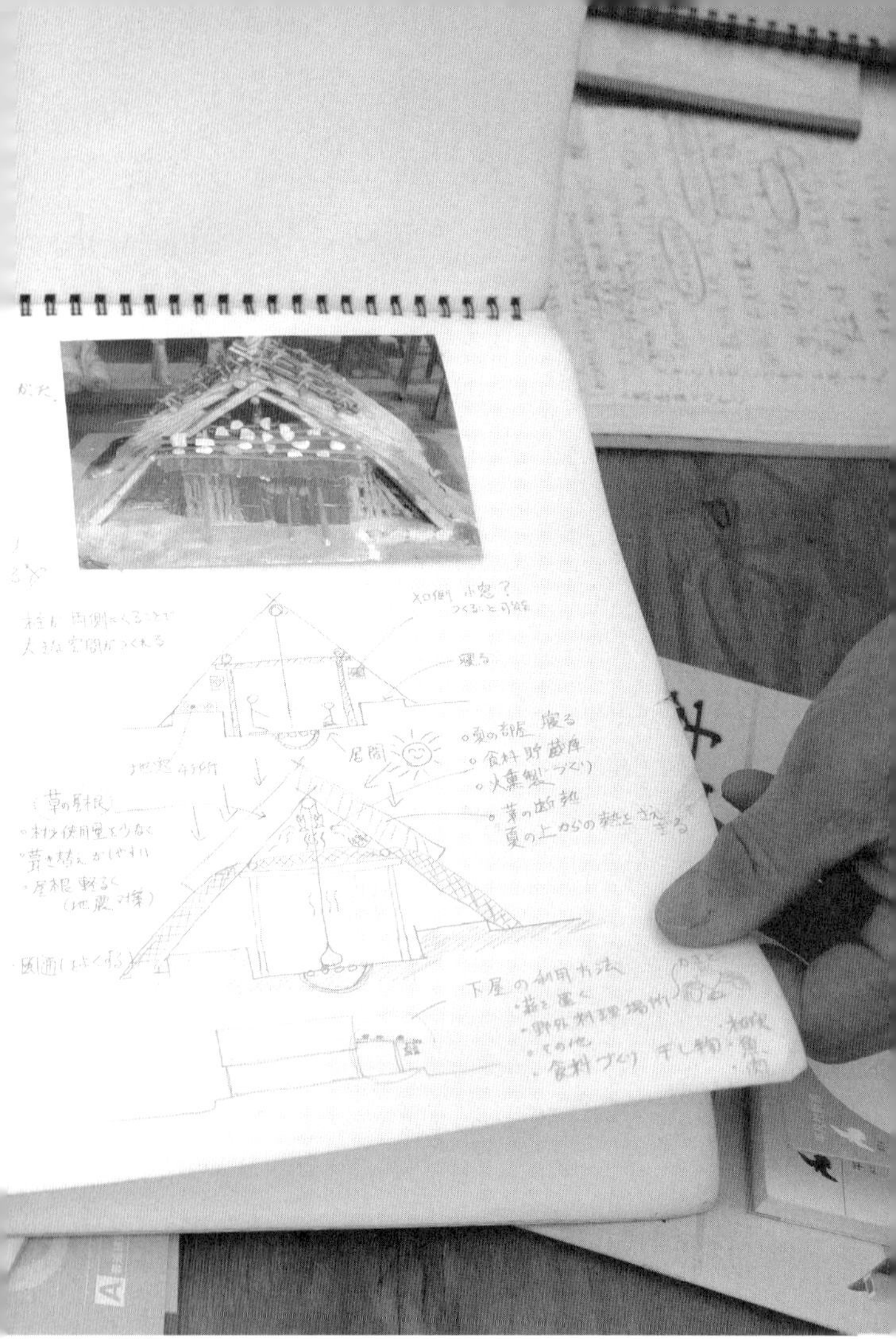

下屋の利用方法
・薪を置く
・野外料理場所
・その他
・食料づくり
干し物

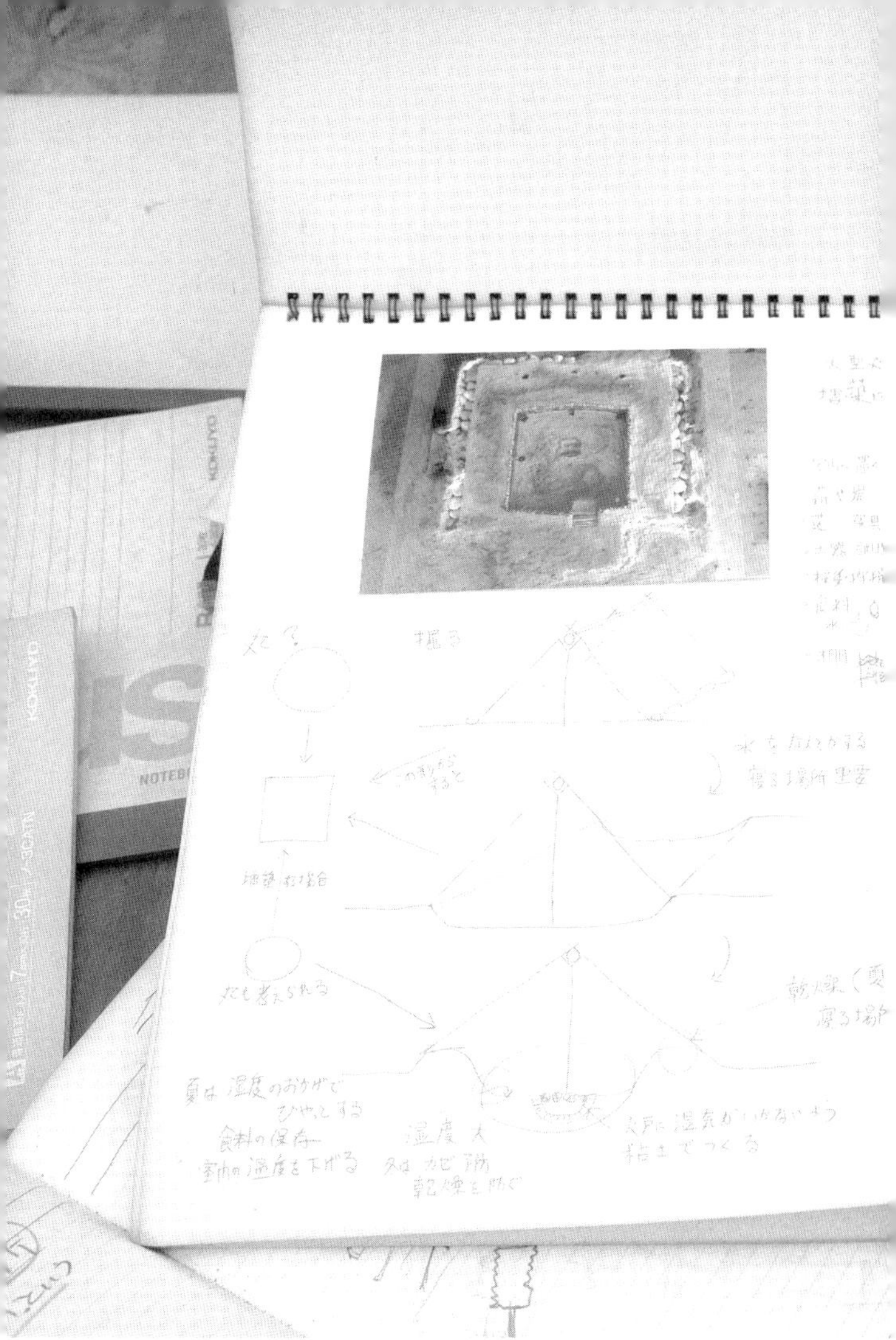
丸？
掘る
丸も考えられる
夏は 湿度のおかげで
ひやっとする
食料の保存
室内の温度を下げる
湿度 大
冬は カビ防
乾燥を防ぐ
粘土でつくる

設計ノートのアイデア

もう一つ建物の大きさを左右する要素として、室内に置く物の大きさと数量がある。

縄文時代の室内に置かれる物を想像すると、土器などの調理用具と少量の薪《たきぎ》、石器などの道具類、何日分かの食べ物と水、それと寝具などであろう。だから小さな小屋で十分なのである。

しかし、現代の室内には、大型の電化製品や家具など、その他ありとあらゆる物を置かなければ、必要最低限の「文化的」暮らしにならない。当然「住まいは巨大化」してしまうのだ。改めて現代人は本当に必要な「広さ」を考え、見直さなければいけないのではないだろうか。

さて、広さの次は「高さ」である。建物に使用される建築材料の総量は、床の広さと建物の高さによって左右される。労働力や資源の限られる縄文時代、持続可能な社会を実現する一つの方法としては、建物を低くし、建築材料の使用量を少なくすることを考えなければならないのだ。健康に支障のない必要最低限の天井の高さを確保して決めなければならない。室内の高さも、私の縄文小屋の天井の高さを参

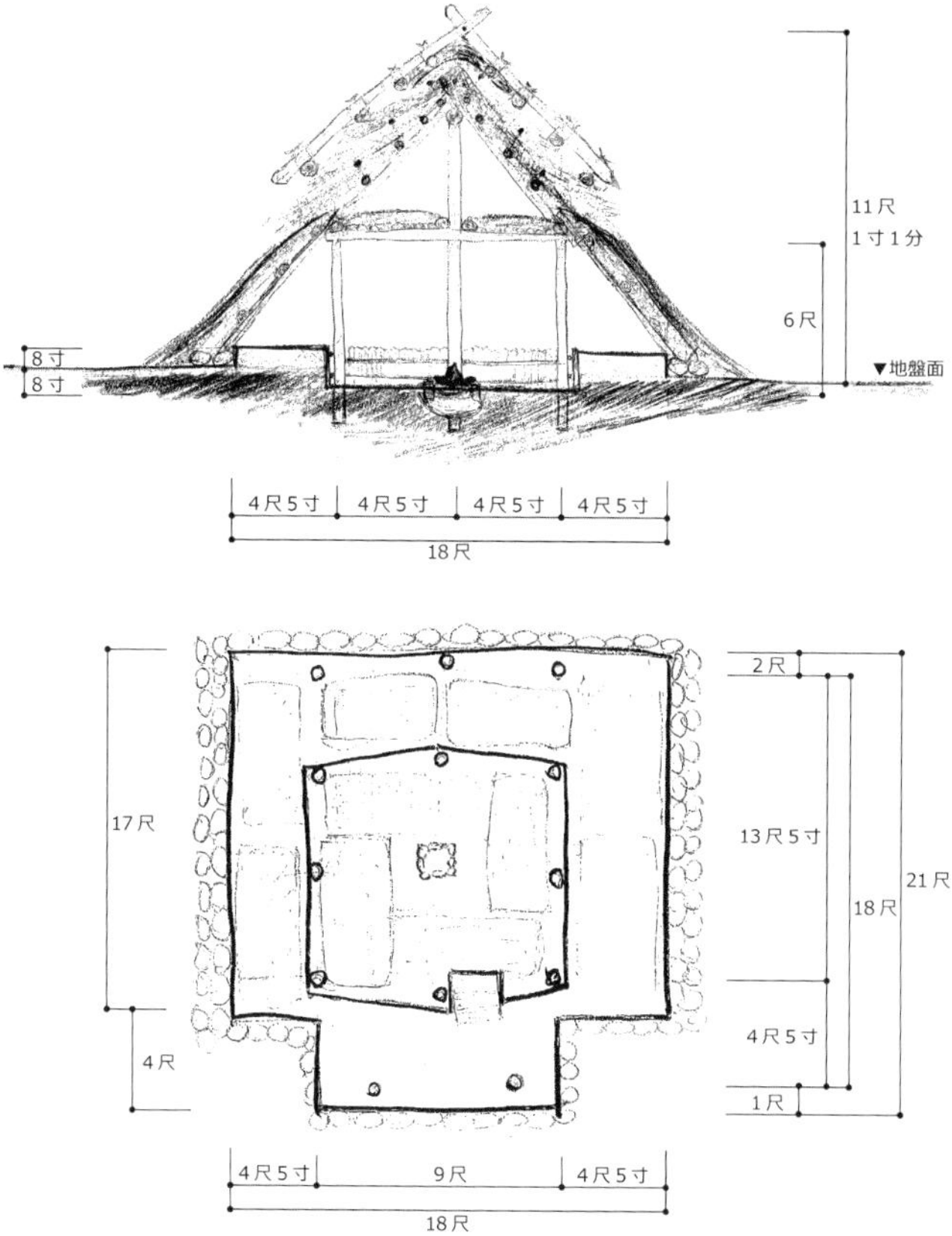

小屋の設計図（横断面と平面）。１尺は約30センチ

考に一メートル八〇センチとした。現代の住宅の天井の高さは、二メートル四〇センチなので、六〇センチ低いのだが、室内の両脇から斜め四五度に傾斜した天井と中央の水平面から成る、台形型室内天井では、圧迫感はなく逆に落ち着いた感じになる。皆さんも屋根裏部屋などに入った時、居心地のよさを体験されたことがあるだろう。

縄文小屋で最初に傷んでくる箇所は、茅葺《かやぶ》き屋根である。建物の高さを低くしておけば、何年かに一度の定期的な修理の際に、作業に必要な足場を大掛かりに組み上げなくて済み、都合がよい。高所で危険性の高い作業はできるだけ少なくしたい。現代のように一一九番すれば助けに来てくれる時代ではないのだから、重要な設計ポイントなのだ。

二〇一四年、私の住んでいる山梨県でひと晩に一メートル以上もの大雪が積もった。その時、住宅の被害で一番多かったのが雨樋《あまどい》の破損であった。一本何千円かの雨樋を交換するだけなのに、何十万円もの費用がかかった。現在の住宅は、ほとんどが二階建てなので、修理するには大掛かりな足場を組み上げなければ作業ができないからだ。背の高い建物を維持することは大変だと、たくさんの人達が感じただろう。茅などの自然素材の屋根では、特にそのことを考えなければいけない。

このような作業条件も踏まえ、縄文小屋の高さは三メートルとした。

次は屋根の形である。ほとんどの復元建物は、屋根全体が茅葺きで、当然室内も茅葺きでつくられている。燃えやすい茅に囲まれた狭い室内で火を焚《た》けば、火災の発生率は高くなる。毎日ハラハラしながら火を使用しなければならない。こんな暮らしを縄文人達は、一万年以上も続けてきたのだろうか。

頭のよい縄文人なら、何かしらの工夫をして理想の屋根をつくったと思うのだ。一つの方法として、茅より燃えにくい素材を使って葺いただろう。自然にある燃えない素材といえば「石か土」である。屋根材に適した薄く平べったい石は、手に入りにくいうえに、重いので、一般的に土が使われただろう。土だけでは勾配のある屋根を形づくれないので、その下に茅より燃えにくい木材を敷き並べて、土を葺いた土屋根を考えついたのではないだろうか。

この時、下地として薄い板や細い枝のような強度のない木材は使っていないはず

素材のアイデアを書き出す

だ。なぜなら、最低一五センチ以上の厚さになる、湿気を含んだ重い屋根を何十年も支え続けなければならないからだ。薄い板や細い枝のような木材では、何十年どころか数年しか耐えられないだろう。地震などの力に対しては無力と言っていい。いつ崩れ落ちてくるかわからない屋根の下では落ち着いて休めないし、ましてや命を守ることに敏感な縄文人が、生死にかかわる部分の木材をおろそかにするわけがないのだ。きっと丸太のままか、半割り丸太を使用しただろう。

さらに、屋根全体を土葺きにしないで上部の屋根を茅葺きとしただろう。全体を土で葺くと、屋根の重量がかなり増す。雨や雪が降って水分を含めばさらに重たくなるのだ。屋根を何十年も支えるには、相当太い木材を建物全体に使用しなければならないだろう。あきらかに高温多湿で雨量の多い日本の気候には不向きな屋根である。しかし下部を土屋根として、上部から全体を覆うように茅で葺けばこの問題を解決でき、耐火性と耐久性を兼ね備えた屋根がつくれるのだ。

上部を茅屋根とする利点はほかにもある。延焼の恐れがあまりない上部は、防水性の面から考えて茅がよい。さらに、上部を軽量化することで耐震性が増す。茅は腐りやすい素材だが、毎年生えてくるものなので、素材の入手には事欠かないこともある。

もう一つ、屋根の形を工夫した。全国各地の復元建物の屋根は丸い円錐状に葺き上げ、上部は排煙のため小さな切妻《きりづま》屋根（三角屋根）で仕上げてあるものがほとんどである。建物に垂直な壁がなく、傾斜した屋根面が外壁としての機能を兼ねている。

このため、出入口の扉を取り付ける時、小屋根（下屋）を母屋の屋根より前に突き出して設け、正面と左右に垂直の壁をつくり、正面の壁に扉を付けることになる

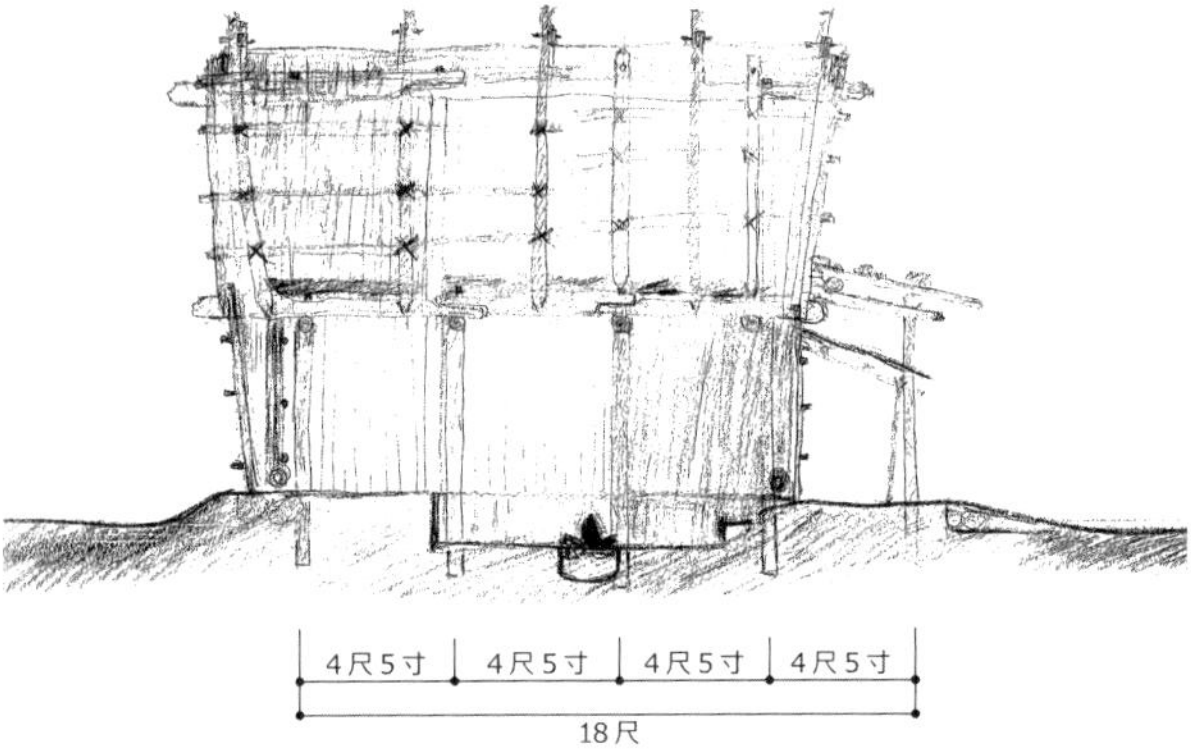

小屋の縦断面と屋根の構造

のだ。だがこの時、母屋の屋根と玄関の屋根、壁との取り付け部分から、雨が室内に入りやすい構造となってしまう欠点がある。

室内への雨の流入は、建物の足元を早期に腐らせる原因となり、掘立て小屋の一番大切な足元を常に乾燥させた状態に保てなくなるのだ。さらに、床は常にじめじめした状態となり、快適な住環境を阻害する。大雨の時などは、室内に水溜まりができてしまうのではないだろうか。

このような最悪な状態を回避するため、切妻屋根を選択した。切妻屋根を正面から眺めると、三角形の妻壁（切妻屋根の両側にある壁の名称）が正面前後にあり、左右に斜め四五度に傾斜した屋根が、地面から建物中央の棟（建物の最上部）まで葺かれた形状だ。この三角形の大きな妻壁に大きな下屋を設け、その下に扉を取り付ければ、雨水の流入を防ぐことができるのだ。

もう一つの理由として下部を土屋根、上部を茅屋根で葺く場合、円錐状の複雑な形では、縄文的作業の仕方ではできないからだ。シンプルな切妻屋根で快適な住まいとなるのなら、縄文人はこの屋根の形を選んだだろう。

私の知る限りでは、日本各地にある復元建物で天井がある小屋は、この真脇縄文小屋だけである。

では、この小屋の最大の特徴である土天井の利点を挙げてみよう。一つ目は、囲炉裏から火の粉が舞い上がっても燃えにくいこと。二つ目は、暖かい空間を閉じ込める保温効果があること。三つ目は、屋根裏の空間利用ができること。四つ目は、水平面の剛性により耐震性が高まることなどだ。

次は妻壁の構造である。この壁は、茅を直径一二センチほどに束ねたものを二層にして横木に縛り、その上に杉皮を張り付けて仕上げる。茅の厚みが平均二〇セン

横から見た全体像模型

チある二層構造なので保温力は高い。さらに外側に杉皮を張ることですき間風を防ぎ、保温力を高めた構造とした。

壁の高さは、室内の土天井と同じにした。上部の三角部は、排煙と採光ができるように開放状態とした。

夏の暑さ対策として、妻壁が地面と接する部分に、四ヶ所取り外し可能な地窓をつくり、夏の室内にさわやかな風が入ってくるようにした。復元建物の室内がカビ臭くなる原因は、すべてが傾斜した屋根なので、出入口以外に開閉可能な窓をつくることができないからだ。そのため室内の空気が澱《よど》み、カビが発生してしまうのだ。室内の風通しをよくすることは、住まいにも人にも健康的なのである。この「開閉式地窓」は、切妻屋根から生み出された妻壁があるからこそできるのである。

復元建物では、扉らしき出土例がないことが要因か知らぬが、扉のない小屋がほとんどである。本来、扉は室内を快適にする機能を持っている大切なものだ。扉の設計をする時、考えなければならないことは、毎日何十回と出入りをし、時には物を持っての出入りもあるので、それらの通行に支障のない幅、高さ、重さの扉にしなければならない。野獣の侵入を防ぐだけの丈夫さも求められる。

さらに採光と風通しを調整できるようにする工夫も必要だ。壁と同じような保温性も求められるだろう。いくら土屋根や土天井で保温性の高い構造にしても、出入口から冷気が入ってきたのでは元も子もない。

小屋の扉は、このようなことを考えて設計してみた。一番工夫したところは、壁と扉の接合面に凹凸をつけて気密性を高めたことだ。さらに扉の上部を壁に縄で縛り付け、採光と風通しを扉の上下の開閉幅で調整できるようにした。

下屋の役割は先にも述べたが、竪穴式住居は、周りの地面より掘り下げてつくるため雨水が流入しやすい欠点があるが、妻壁の横幅以上の大きな下屋をつくることによって防ぐことができるのだ。その他、薪を乾燥させる置き場になったり、魚や肉を吊るして干し物をつくったり、縁側カフェとして社交場になったりと、いろいろな活用ができる。

以上が、真脇縄文小屋の設計意図である。

この着想は、過去の人達がよりよい暮らしを求めて実践してきた人類の英知であり、私の独創的な考えではないのだが、現代の私達が石斧を使ってこの縄文小屋をつくり上げることで、小屋は私達に何かを語りかけてくるだろう。

縄文人達からすれば、当たり前の「住まいの形」であるが、現代の私達にとっては、驚かされることばかりである。この縄文の住まいに現代の住まいを近づけるには、シンプルな暮らしを考え求め、「複雑な住まい」を設計しないことが必要ではないだろうか。

石器でつくる創造的住まい

石器の材料となる、海から拾ってきた小石達。左上は川原で拾った砥石。石斧の刃を研ぐ

二〇一五年度、真脇遺跡縄文館の最後の設計案検討会議で、私の設計案が了承された。

二〇一六年度はいよいよ、絵に描いたものを現実のものとしてつくり上げる試練を迎えた。今までの小手先だけの石斧使用実験とはわけが違う、本当に石器でつくれるのかを問う実証実験がスタートしたのだ。

作業は、基本的に石器を中心に使用するのだが、石器と鉄器の伐採・加工効率の比較のため、一部鉄器の使用もあった。建物完成までの一連の作業を石器で行い、石器で加工できることが実証された後は、期限内に完成できるように機械道具を使用した。

このような工程の中で、最初に始めた作業は、自然の川や海に転がっている石を材料として、石器道具をつくることであった。

左から黒曜石、蛇紋岩、シャコ貝、鹿の角。どの素材もよく切れるナイフとして使える

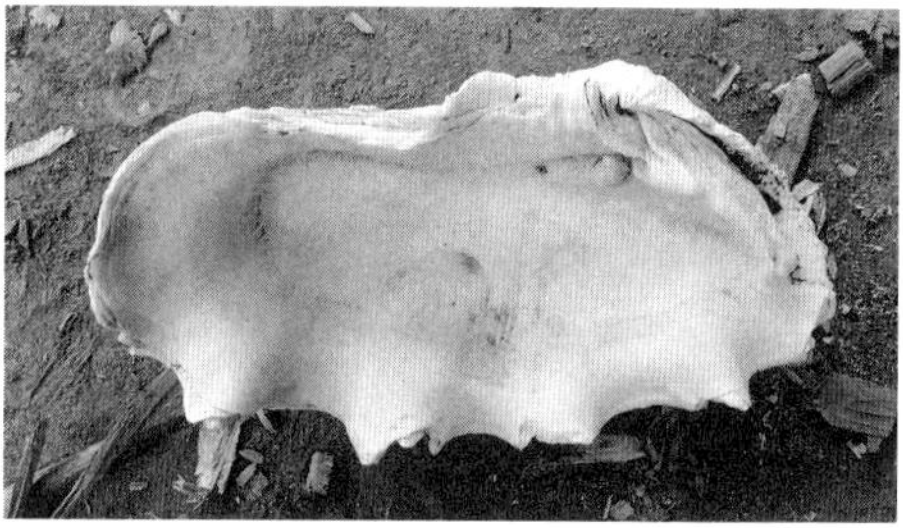

友人からいただいた貝殻。砕いて鋭利な破片をつくる

上の写真の貝殻を砕いてつくった貝斧。よく切れる

この道具は、石と木の枝と縄を使ってつくるのだ。

では、この石器道具をつくるために必要な道具は、いったい何であるか、ご存じだろうか。そう、「ナイフ」である。人類が手にした「初めての道具」と言っても過言ではないだろう。

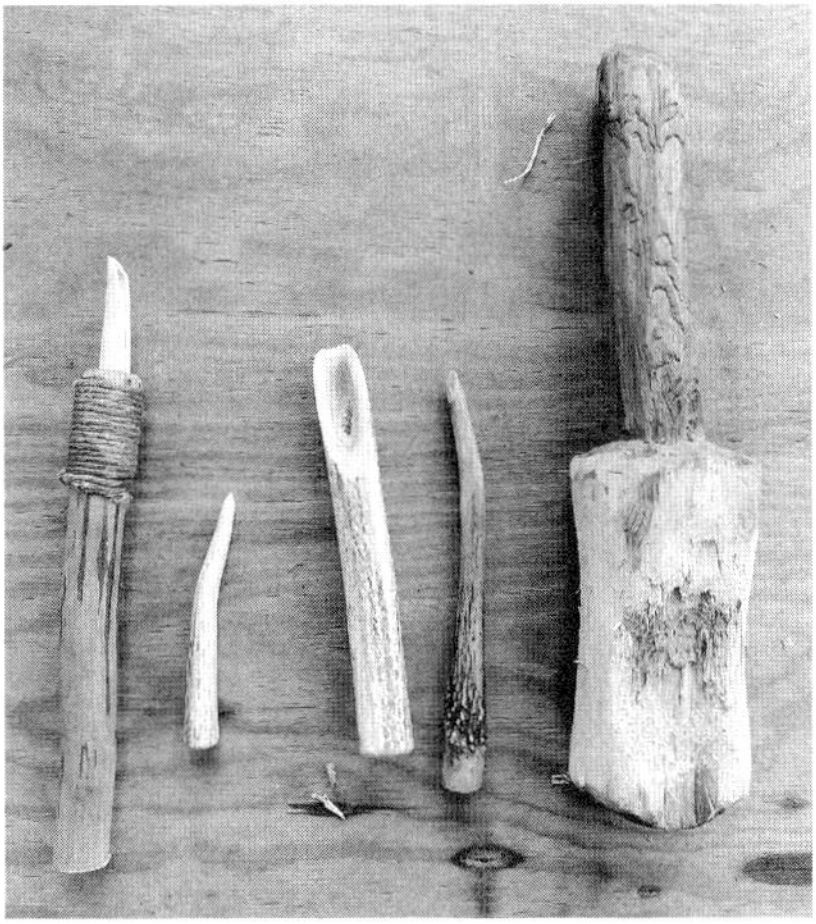

鹿の角でつくったノミ（左４本）と石斧でつくった木槌

木槌と石ノミでほぞ穴を開ける

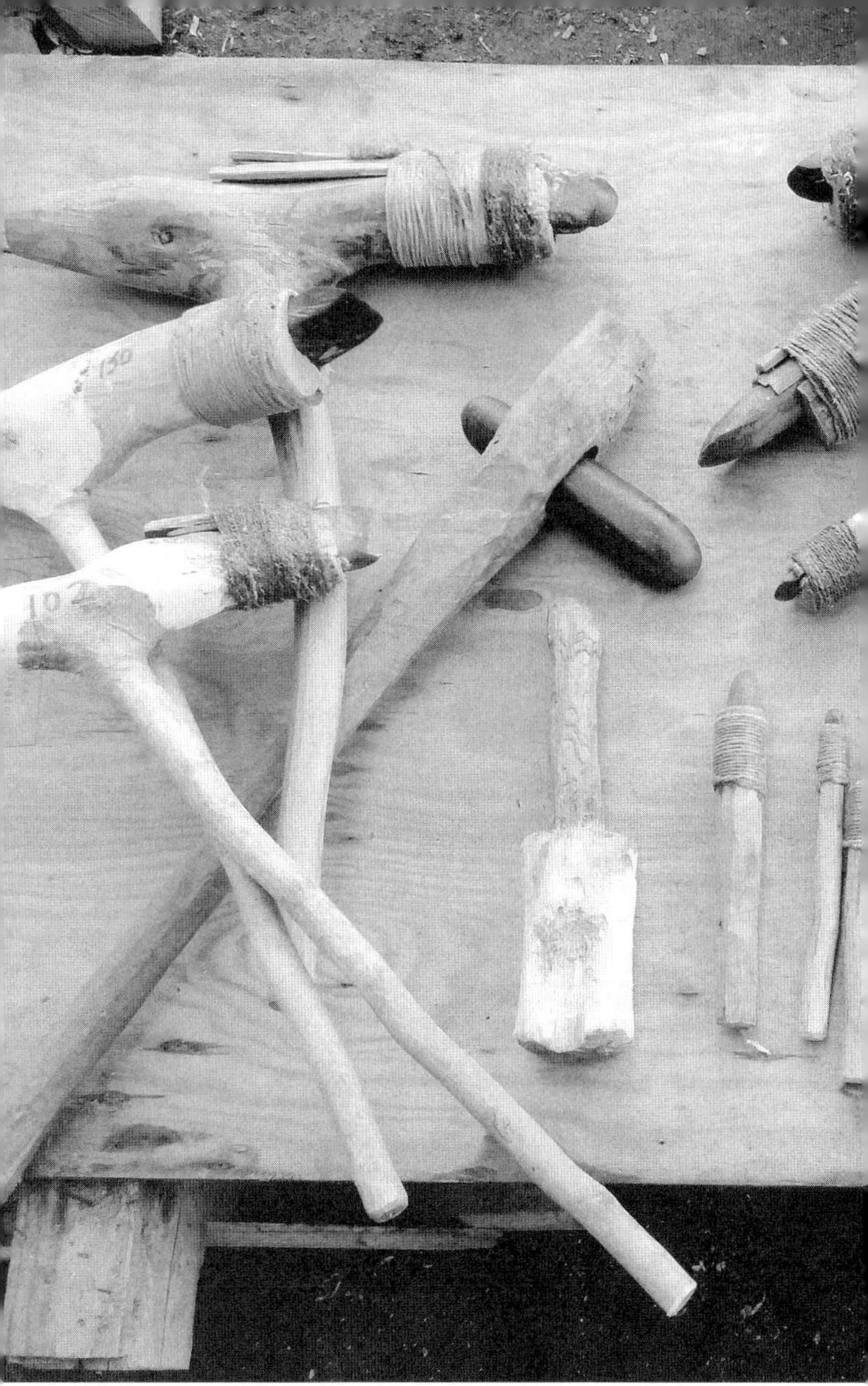

小屋、丸木舟づくりに使用した道具達の一部

小屋づくりに使った道具。左から柱の穴を掘る木のヘラ、土掘り用の木のクワ、木槌、鹿の角、石のクワ

このナイフには、自然がつくり出した鋭利な石片や貝殻、動物の骨片などの「自然的ナイフ」と、人間が、それらのものを打ち砕いてつくった「人為的ナイフ」の二つのタイプがある。どちらも使い方次第で、木を伐ったり、削ったり、掘ったりすることができる。

今回は鹿の角や石の破片を使って、小屋づくりに必要な石器道具を二種類つくった。一つは、立木を伐採したり、木材を切断したり削ったりする「石斧」。二つ目は、木材に穴を掘る「石ノミ」である。このほか必要な道具は、石ノミをたたく木槌《きづち》と、楔《くさび》（丸太を縦半分に割る道具）であるが、この道具は石斧を使って製作した。

以上の道具をつくり終え、二〇一六年三月、石斧を手に能登の森に立つことができたのだ。

その森は、炭をつくるために三〇年ほど前に伐採され、その後切り株から「ひこばえ」が出て成長した栗の木と櫟《くぬぎ》を主体とした雑木林であった。そのため一つの株から二、三本の木が同じくらいの太さで、かなり真っすぐに天に向かって伸びていた。地上から一メートルほどの高さの幹の直径は、平均一五センチ前後であった。

縄文時代後期の桜町《さくらまち》遺跡（富山県小矢部《おやべ》市）から出土した建築部材には、大量の栗材が使用されていた。各地の縄文時代の遺跡でも栗材の出土例はたくさんある。しかも古民家の土台にも多用されていることから、先人達が栗材の耐久性を理解したうえで、好んで使用した建築木材であることがわかる。

檜《ひのき》や杉といった針葉樹では、一度伐採すれば株が枯れてしまい再生しないが、栗の木などの広葉樹は、伐採された株が生き続け何度か再生を繰り返す。そのたびに二、三本のひこばえを成長させるので、針葉樹と比べると、単一面積当たりの本数での収穫量が高い。さらに、生命力のあるしっかりとした根を張ってくれるので、山の崩壊を防いでくれる森の守護神なのだ。

雑木の森は、山の豊かな環境を保全しながら、動植物や人間の暮らしを、遥か昔から支え続けてくれている。その森の樹木達に私は、深く感謝の念を込め、手を合わせて斧を入れた。

「コーン、コーン、コーン」

「このいただいた命、無駄なく生かし立派な縄文小屋をつくります」と、私は森の樹木達に誓った。

生きているものに刃物を入れることには抵抗があるが、約一五分間六〇〇回ほど石斧を打ち込んで、木は倒れた。これで石斧で木が伐採できることを証明したわけだが、問題は石斧がどれだけの作業量に耐えられるかであった。

その後、主要構造部材である、柱・梁・桁・棟木の計二三本の各部材の材料取りのため八本の栗の木を伐採する。そのうちの三本は鉄斧で伐採し、石斧と鉄斧の伐採効率の違いを比べてみた。

その結果、鉄斧では約三分間、一二〇回ほどの打ち込み回数で伐採できた。もちろん石斧で伐採した木と同じぐらいの太さの栗の木である。心配していた石斧の耐久性であるが、五本の栗の木を伐採した石斧は、どこも壊れることなく何の問題もなく使用できたのだ。

今回の小屋づくりを通しての石器道具と鉄器道具の使用割合は、半々程度であった。その中で、伐採や木材加工での効率の違いは、「速さ」であった。全体の作業の平均的所要時間などから、「鉄器は石器の約五倍の速さで作業できる」ことがわかったのだ。ちなみにチェーンソーは、伐採に限ったことだが、約九〇倍の速さで立木を伐採してくれることもわかった。この数値は、道具を使用する職人の技量によって変化するので一概には言えないが、だいたいの目安にはなるだろう。

さて今度は、伐採した八本の木を森の中で二三本の部材に切り分けていく「木づくり」である。一本の木は、根元から幹の先まで、すべての形状が違うので、建物の使用箇所に応じて、その個性が発揮できるような材料取りをしなければいけない。例えば、木の根元あたりは太く堅固で、多少の曲がりがあるので、上からの荷重に耐えなければならない梁に使用するといった具合にだ。この木材の適材適所への選

まず石斧で木材に平面をつけ、ほぞとの接合面を削り出す

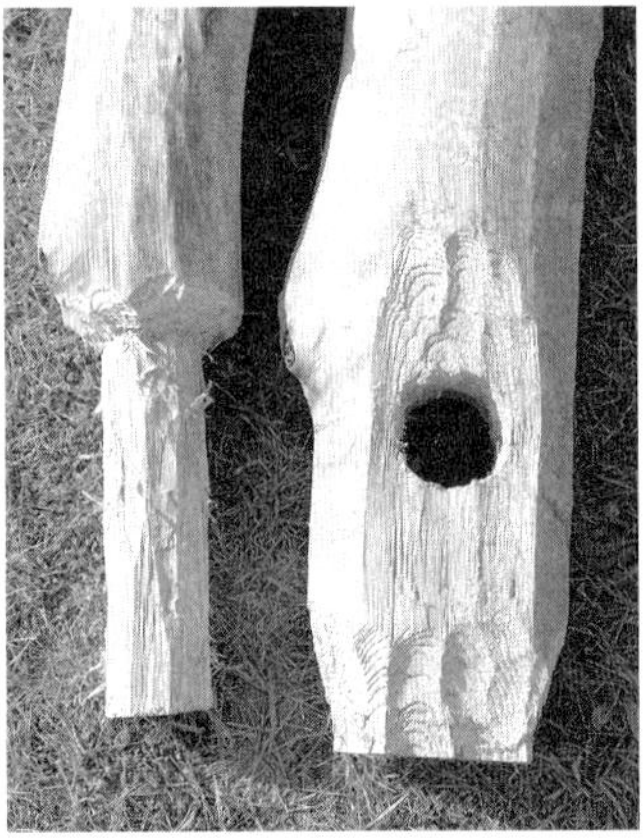

ほぞとほぞ穴

別作業は、建物全体の出来栄えを左右する重要な工程なのである。

部材が準備できたら今度は、木と木の接合部分に「ほぞ」や「ほぞ穴」を加工していく。

現代なら、「差し金」という直角に曲がった金属性の、目盛りの付いた物差しを使うのだ

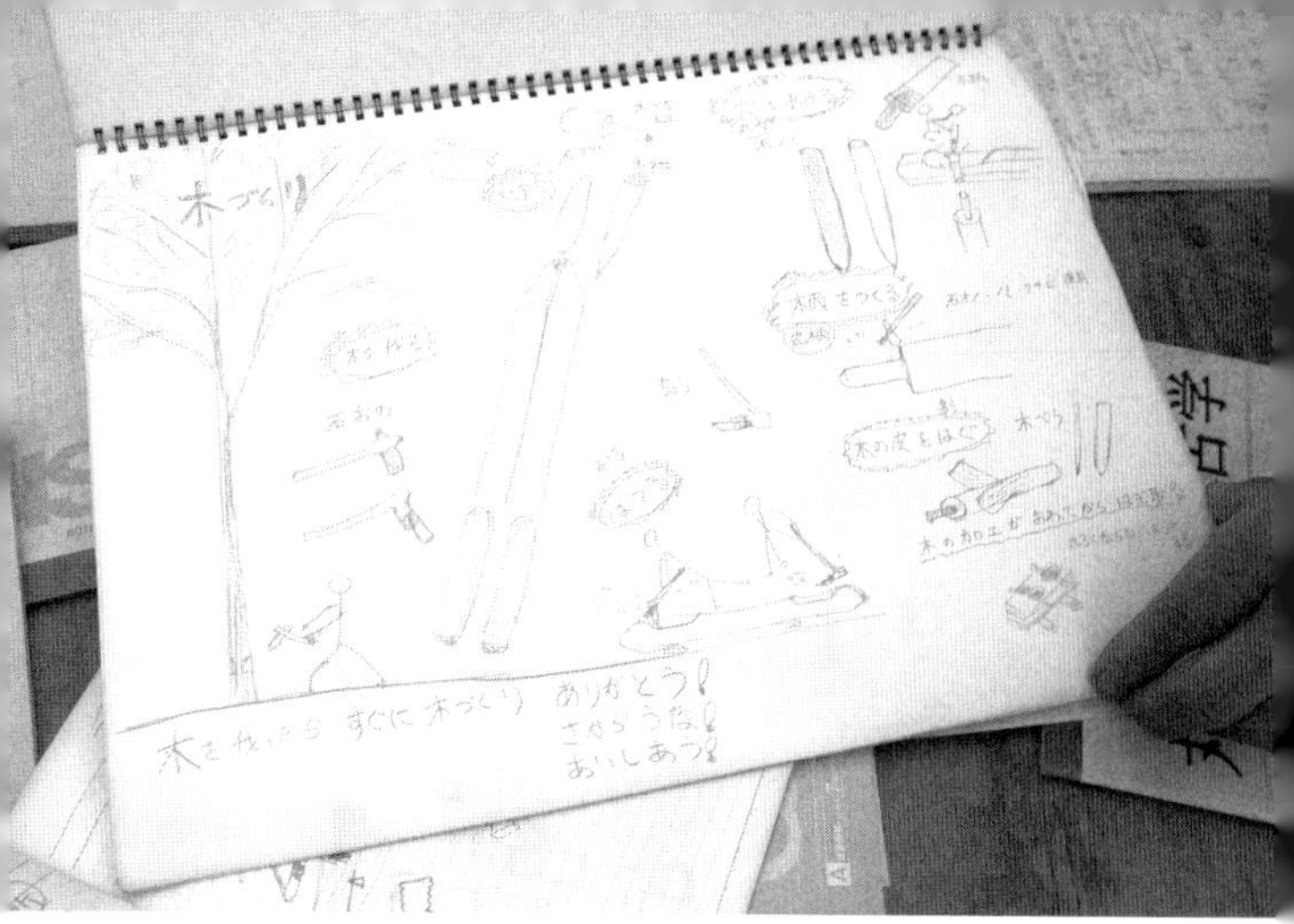

木づくりメモ。石斧とノミ、楔で柄をつくり、木ベラで皮を剝《は》ぎ取る

が、縄文時代にはそのようなものはない。たとえ存在しても、石器でつくる縄文建築には必要ないものなのだ。なぜなら石器では、差し金で正確に印《しる》された寸法通りに穴を掘ったり、ほぞをつくったりすることができないからだ。

どうするかというと、石器の特性を生かしたものづくりをすればいいのである。鉄器の特性と相違していて当然だし、その特性と比べること自体に無理があるのだ。

では、どのようにしてほぞやほぞ穴をつくるかというと、相手のつくった穴の形に、自分が合わせてほぞをつくる思いやりの気持ちのもとに、意思疎通をはかりながら、何度となくほぞを「ほぞ穴」に出し入れして微調整を繰り返す。一体となった仕口《しくち》（ほぞなどを使用して二つの材を直角あるいは斜めに接合する方法）をつくり出していくのである。始めから最後まで寸法で組めない、まさにお互いの心を一つにした「心組み」の仕口である。

ではその穴の形であるが、なんと楕円なのだ。なぜそのよう形になるかというと、石ノミの先の丸い「刃線形状《じんせん》」からは、四角形の穴が掘りにくいからだと思われる。

さらにもう一つ重大な秘密が隠されていた。例えば四角形の穴と四角形のほぞが一体となった時、二つのものはがっちりと合わさり、動かなくなる。しかし角のない丸い穴と丸いほぞが一体となった時、二つのものは左右に振れ、しっかりと固定できない。この固定できず振れることを大工用語で「遊びがある」と言うのだが、この「遊び」が縄文建築には必要なものだったのだ。

なぜなら、寸法で組み上げられるものと違い、それぞれの人間の感覚を頼りに加工した部材と部材をいくつも重ね、継ぎ合わせていかなければならないからだ。どうしてもこの部材と部材が左右に振れる遊びが欲しいのである。この遊びがあるこ

小屋の場所と広さを決める

とで、多少の水平・垂直・柱と柱の間の誤差があっても、組み上げることができるのである。

出土した「楕円のほぞの形」には、縄文人達の創意工夫の証が隠されていたのである。

次はほぞ穴の大きさであるが、木材の直径の三分の一の幅で木材中央に楕円状に描いて掘ればよい。そしてその穴の大きさに合わせてほぞをつくればよいのである。この作業手順で、柱には「ほぞ」、梁、桁、棟木に「ほぞ穴」をつくれば主要軸組み部材の加工は完了だ。

このほぞとほぞ穴を加工する時に使用した道具は、もちろん石斧・石ノミ・木槌・楔だけである。鉄斧や鉄ノミ、ノコギリがなくても立派な仕口が加工できたのである。この作業により鉄器が普及する以前に、木造建築の仕口などを用いた木組み工法が確立されていたことを実証したことになったのだ。今後の復元縄文建築にこのような技術が普及することを願いたい。

その次は、小屋を建てる場所を決める。この時、その土地の気候を熟知していることが大切である。基本的には、日当たりのいい方向を正面入口とすることだろう。ところが今回の建設場所は、日当たりは良好だったが、水はけのよいこんもりとした場所ではなかったので、その地面の上に盛り土をして床面をつくった。こうすることで雨水の流入を防ぎ、建物の周りの水はけをよくすることができるからだ。この時、床面をできるだけ水平にしておくことが重要である。この水平な床面が、今後の建物の各部分の高さを決める基準面となるからだ。

この水平面をつくる時、人体の水平感覚でつくる方法と、できるだけ真っすぐな竹を半分に割ったものに、水を張って水準器とし利用する方法もある。ちなみに真脇縄文小屋は、みんなの水平感覚を発揮してもらい、つくり上げた。この人間の感覚を確かめるため、現代の水準器で確認したのだが床全面がほとんど水平であった。

盛り土をし、土台をつくった後、竪穴に柱を差し込む

梁《はり》を入れる

木槌《きづち》で桁《けた》を打ち込む

梁と桁《けた》、柱が見事に組み合った

しかしこの水準器が正確な水平を示すかどうか本当のところはわからないのだから、結局、人間の感覚が一番正確なのかもしれない。今のように便利な道具に頼りすぎると、人間の感覚は退化していくだろうと危惧しながら、土の床を踏み固めた。

床ができたら次に、梁や桁・棟木が上からの荷重に耐えられるように、柱と柱の間隔を決める。その寸法

主要軸組みの骨格がおおむね完成

を棒（この棒のことを大工用語でバカ棒という）に写し取り、このバカ棒を使って柱を等間隔に配置するのだ。

柱を立てる穴の深さは、四〇～五〇センチとすれば、ぐらつきなくしっかりと安定する。穴の直径は、柱の直径に一〇センチほどプラスして掘っておくと組み上げる時に柱の根元を自在に動かせるので都合がよい。

穴が掘れたら柱を入れて、埋め戻ししない状態にしておく。柱のほぞに梁を入れ、次に桁を入れ組み上げる。その後、四本の梁を同じ天井高さに揃えればよい。最後に棟木を入れて、各柱が垂直に立っ

中央棟持柱と軸組みからなる骨組み

軸組みの上に扠首組みをつくる

桁と破風板《はふいた》の取り合わせ部分を、鉄斧で調整する

立派な屋根の骨格ができた

破風板の取り付け完成

ているかを確認してから根元を埋め戻す。これで主要軸組みの完成だ。

次は「寝室」。縄文人達が寝るスペースをつくるため、盛り土の仕上げ作業を行う。柱の根元に横木を上下に二本縄で縛り付け、長さ四五センチほどの半割り丸太を並べてから打ち固め、仕上げた。

この盛り土した一段高い床面が寝る場所となるのだ。一段下の床面にある囲炉裏《いろり》の火に暖められ、常に乾燥しているので体温も奪われにくい。快適に眠ることができるだろう。健康を保つには快適な睡眠が必要不可欠だ。縄文人もきっと快適なベッドルームを求めたはずだ。

二〇一六年度最後の仕事は、茅を葺くための小屋組み（屋根を構成するための骨組み）をつくることとなった。茅の束を縛り付ける屋中《やなか》と、その部材を支える扠首と破風板《はふいた》（切妻屋根の両側に付けてある厚めの板）の材料取りのため、六本の栗の木を伐採した。そのうちの一本は、この小屋の中で一番大きな部材である。小屋の顔となっている破風板に使用した。

その木は、目通り（人の目の高さで測った幹直径）五〇センチ、樹齢九〇年の栗の木で、今まで伐採してきた栗の木が爪楊枝《つまようじ》のように感じられるほどの大木であった。私は恐る恐る石斧を入れながら、半日かけて伐り倒した。

三メートルに切断した丸太を木の楔で半分に割り、さらにその半割り丸太を厚さ六センチほどに割って、八枚の破風板をつくり上げたのだ。

このハードな作業でも、石斧は壊れることなく大活躍してくれた。この時使用した石斧は、長野県の天竜川産の緑石岩（変成岩の仲間）でつくったものであった。この石は、長野県伊那市にある神子柴《みこしば》遺跡（縄文時代草創期）から出土した石斧と同じ種類の石である。出土したいくつかの石斧は、とても実用品とは思えないほど美しい姿をしているので、本当に使える石なのかを以前から確かめてみたいと思っていたのだ。実際に使用してみて緑石岩の耐久性を確認できたことは、とても意味深いものであった。

たかが縄、されど恩人

私の知る限りでは、おそらく今まで復元された竪穴式住居の軸組み部分は、木の股の部分を利用した柱などを使い、その上に桁や梁を載せ、藁《わら》縄で縛ったものしかないのではないだろうか。

今回真脇縄文小屋で、石器を使って「ほぞ穴とほぞ」による木組みができたことで、従来のような木の股や縄で縛っただけの建物（縄組み工法）でなくても、丈夫な軸組みができることがわかった。

「木組み工法」を使わない「縄組み工法」は、建物全体のあらゆる接合部分に縄を使用するため、たくさんの量の縄を必要とする。しかし木組み工法の場合、小屋組み部分の扠首と屋中の接合に使用するだけで、軸組みと小屋組みが完成するので、縄の使用量を「縄組み工法」より少なくすることができる利点がある。実を言うと私は、縄文小屋づくりで一番大変な作業は、「縄づくり」ではないかと感じている。

現代では、自動的に縄をつくってくれる機械があるので、その縄を使えば何の苦労もなく仕事ができる。

しかし、縄文時代には機械はない。真脇縄文小屋づくりでは、石斧でつくることにこだわったように、この縄づくりも自分達で手づくりすることにこだわったのだ。

とはいえ、知識と技術と経験がなければつくることができない。地元の参加者の中に、縄ない（植物の繊維を撚《よ》り合わせて縄をつくること）名人がいたので実現できた。

さらに真脇縄文小屋のすごいところは、稲藁を使用せず、「カラムシ」や「フジ」といった自然の植物から繊維を取り出して縄ないすることだ。

藁縄の場合、乾燥させた稲の茎の粗皮をそぎ落としたものを木槌で軽く叩けば、

縄文時代の繊維の素材に使われたカラムシ。茎から繊維を取り出す

草履や布など、古くから繊維として使われたフジ。ツルから繊維を取り、建築部材の結束に使う。

すぐに材料として縄ないできるのだ。

しかしカラムシやフジは、自然から採取してきたそのままの状態では使用できないので、繊維を取り出すのに大変な作業を要することになる。

それでは、この作業工程を説明してみよう。稲のように水田で大量に生産しているものなら素材集めに苦労しないが、そもそも水稲栽培が始まったのは、弥生時代からである。縄文人達は、自然の植物を使うしかなかったのである。しかし縄文時代の後期・晩期の西北九州を中心に、焼き畑による陸稲《おかぼ》が導入されていたという学説もあるので、はっきりとは言えないが、仮にあったとしても、限られた地域での少量栽培であろう。大半の縄文人達は野山を駆け巡ってカラムシやフジを探し、採取しただろう。しかも大量に採取しなければならない。

さらに、品質のよいものをつくろうと思えば、素材を吟味しなければならないのだ。フジでいえば、「できるだけ真っすぐで、直径三センチ未満がよい」といった具合に選別しながらの採取は、おしみなく時間と労力をかけなければできない。

ここまででも大変な作業なのだが、さらに繊維を取り出す作業が始まる。

まず、採取してきたカラムシを、長さ一・二メートルほどに切り揃える。次にその表皮を剥ぐ「オカキ」の作業を行って繊維を取り出し、陰干しする。フジも、同じように切り揃えてから、木槌で叩き、芯の部分を柔らかくし、次に外皮を剥ぎ中皮を取り出し、陰干しする。こうしてやっとの思いで縄の材料ができるのである。

さらにここから、片足と両手を使い縄ないをしていくのだ。陰干しした繊維を軽

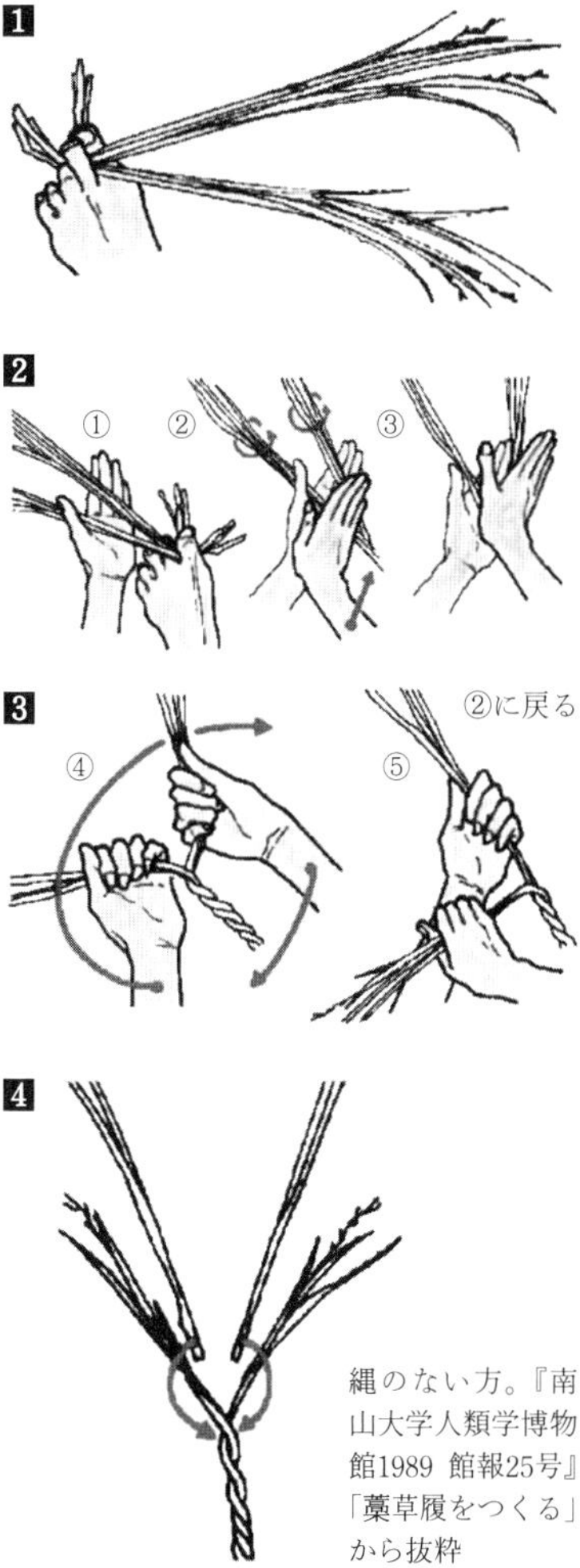

縄のない方。『南山大学人類学博物館1989 館報25号』「藁草履をつくる」から抜粋

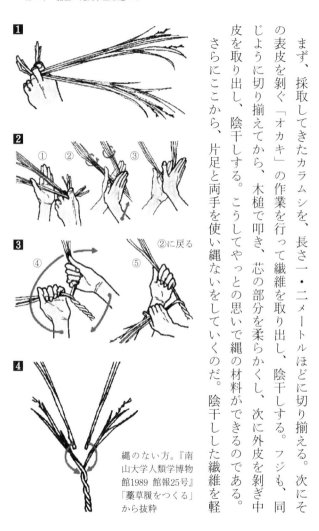

縄で建築部材を固定する

く叩いて、一本一本の繊維を束にした二束の先端を足の指に挟む。二束を左手の平に置き、右手をこすりながら前に出して反時計回りに撚りをかける。さらにその撚りのかかった二束を今度は、時計回りに撚り合わせる。先の方までできて細くなってきたら、繊維を継ぎ足しながら縄ないしていくのだ。

全体にしっかりと締まった撚りがかかっていて、同じ太さの縄は、かなりの年季を入れなければつくることのできない代物である。

残念なことに私は、この縄づくりに参加できなかった。しかし自分で長さ一メートル、太さ約九ミリの縄をつくった体験から、この作業がどれだけ大変なものであるかを想像できるのだ。

驚くことに、この想像の域を遥かに越えた総延長約二〇〇〇メートルの縄を、数名の縄ない名人とワークショップ参加者の人達でつくり上げたのである。

この貴重な縄は、土留め丸太と柱、扠首と屋中、そして茅葺き屋根に半分使用したところで使い切ってしまった。残りの屋根と妻壁、さらに千木《ちぎ》や扉に使用する縄は、市販の麻縄を使用することになった。この麻縄を使用した長さも含めれば、総延長約三〇〇〇メートルにもなる。

真脇縄文小屋では、屋根の半分が土屋根なので、この部分と軸組みを含めて、縄の使用を削減できていたにもかかわらず、これだけの縄を使用した。従来の縄組み工法を建物全体で採用すれば、莫大な量の縄が必要であっただろう。いくら気の長い縄文人でも気が遠くなったに違いない。

もしも私が縄文人だったら、つくるのに大変な縄を削減できる木組み工法を選ぶだろう。さらに、草屋根よりも耐久性・耐火性にすぐれた土屋根がつくれるのなら、縄を大量に必要とする耐火性の低い茅屋根を、あえて全面には使用しない。

たとえ縄文小屋を建てても、縄ないの大変さを身に染みて感じた体験がないうえに、ただ市販の縄で縛ってつくったのでは、本当の縄文小屋と似て非なるものになってしまうだろう。

暮らしの器である縄文小屋や、土器の模様がこの縄でつくられていること、石器道具をつくる時に必要なものでもあることからしてみると、縄は縄文人の暮らしに欠くことのできない必需品だったのである。

そして、機械が大量に生産した文明の利器に溢れ返った現代社会の暮らしでも、縄は欠くことのできないものとして立派に活躍している。

たかが「縄」であるが、人類の暮らしを支え続けている「暮らしの恩人」なのだ。

「縄文小屋づくり」から見えたもの

二〇一七年度、縄文小屋の最終仕上げ作業が、いよいよスタートした。

残る仕事は、屋根、土天井、妻壁と下屋、最後に扉と囲炉裏の順番で作業していけば完成だ。

左の２本が木の楔、右の２本が鉄の楔。効率よく木材を剝ぎ取ってくれる、頼れる助っ人

今までに伐採した栗の木は、目通り平均一五センチほどの小径木一三本と、大木一本の計一四本である。

さらに、土屋根をつくるのに、土を斜めに葺くための下地材として栗の小径木を七本伐採した。一本の木から、二メートルの用材が五本取れたので、計三五本の丸太となった。

この丸太を半分にするのだが、ノコギリがなくても木の楔で半分に割ることができるのだ。木材を製材するノコギリは、鎌倉時代頃にならないと出現してこないので、それ以前は木の楔、もしくは鉄の楔で木材を打ち割って木づくりしたのである。

このようにして半割りにした平らな面

土屋根の下地として、半割り丸太を立て並べる

草と土を混ぜ、発酵させてつくった土屋根が完了

を外側にして、桁に斜め四五度に立て並べる。栗皮を敷き、捏《こ》ねた土を適当な大きさに丸めて投げつけながら葺き、厚さ一五センチほどに仕上げた。下地の栗皮の上に、栗の細い丸太を二本等間隔に入れ、土がずれ落ちにくいよう工夫してみた。

次は上部の茅葺き作業だ。畳約二〇畳分の屋根に使用した茅（真脇縄文小屋では、すすきを使用した）の量は、なんと軽トラック一三台分にもなったのだ。

長さ二メートルほどの茅を直径約一八センチに束ね、根元を上にして（逆葺き）四段葺きにした。屋根の厚さは、平均二五センチほどであろう。

古民家などの茅葺き屋根では、耐久性と見た目の美しさをつくり出すために、茅の根元を下にして、屋根の厚さを八〇センチほどになるように葺く（真葺き）。最後に長さ七〇センチほどの大きな「屋根バサミ」で葺き上がった茅を刈り揃えるのだ。

しかし縄文時代には、鉄のハサミは使用されておらず、石や骨、貝のナイフで茅を刈った。

このような耐久性のある美しい真葺きの屋根はできないので、逆葺き屋根となる。だが逆葺きのいいところは、鉄のハサミや、ハリ（茅の束を屋中に縫い付けるため

出入り口の屋根の仮置きの板を石に変えれば、屋根の完成となる

の長さ一メートル七〇センチほどの縫い針）などを使わなくとも、木の枝を利用した長さ三〇センチほどの縫い針があれば葺けるところだ。耐久性は五～六年であろうが、住まいの「手入れ技術」を次の世代に伝承していくにはちょうどよい周期であろう。

　私は三二年間大工をしているが、その技術を身につけるのは並大抵ではないことを痛感しているからだ。

　茅屋根の最上部の棟には、杉皮を二重にして敷き、最後に屋根全体を丸太の重みで押さえ込む「千木《ちぎ》」という丸太部材を縦・横に格子状に組み上げたものを、さらにその最上部に、少しでも千木が重くなるように笠木《かさぎ》を載せて、最終的に屋根を仕上げた。

次は土天井だが、囲炉裏からの煙を外に出すため、中央部分を幅六〇センチほど正面妻壁から背面妻壁まで開けた。その両側に丸太を並べ、土屋根と同じように栗皮を敷き、捏《こ》ねた土を厚さ八センチほど載せた。中央の煙出しには、半割り丸太を載せただけとしておき、室内の温度を開閉して調節できる機能を考えてみた。

妻壁上部の三角部分は、土天井の開口部分からの煙を外に出すため、壁を張らずに小屋裏を南北に煙が吹き抜ける工夫をしてみた。

もう一つの工夫として、毎日立ち上ってくる煙を利用して、「保存食をつくり出す機能」を取り入れてみた。大量にとれたサケなどを燻製《くんせい》にするには、最高の場所だろう。その光景を想像しただけで縄文の豊かさが伝わってくる。

最後は、下屋の構造である。二本の掘立て柱から母屋の梁に、斜めに登り梁を渡し、その上に桁を等間隔に三本並べる。さらにその上に半割り丸太を敷き並べ、栗皮を二層、杉皮を一層、さらに栗皮を一層葺いて、ところどころに平べったい石を置いた「石置き屋根」となっている。

屋根の傾斜が急すぎると、屋根から石が転がり落ちてくるので、緩やかな傾斜にする。

古民家というと茅屋根を想像するが、木の皮・板を葺いた石置き屋根の古民家は、茅屋根と同じぐらい全国に普及していた屋根ではないだろうか。現在、山間部などでよく目にするトタン板の傾斜の緩やかな古民家は、以前はこのような石置き屋根であったのだ。

今回の土天井、千木、笠木、妻壁、下屋、扉の使用木材は、目通りが平均一五センチの栗の木を一八本伐採したものから材料取りをした。最終的に真脇縄文小屋で使用した栗の木の本数は、三八本の小径木と一本の大木の計三九本であった。

本数が多いからよくない、少ないからいいということではない。この用材を確保するために、三九本の栗の木の命をくださった森の状態がどのように変化して、自然環境や周りの生態系にどのような影響を与えていくのかを、しっかりと理解することが大切なのだ。

そして、今後どのようにこの森とよりよい共存共栄の関係を築いていけるかを考え、実践していくことが、三九本の命に報いることではないだろうか。

能登から遠く離れた山梨に住んでいてこのようなことを言うのは、能登の森に対して大変失礼なことであるが、山梨の地での実践を誓うことでお許し願いたい。

足掛け三年ではあるが、真脇縄文小屋の用材を調達した森の命と引き換えに、たくさんのことを学んだ。

その森はサッカー場ほどの広さがあり、伐採する前は、木と木の間隔が狭く日が差し込みにくかったので、全体を平均に間伐する形式で行った。

伐採後は、ところどころに日が差し込み風通しもよく、気持ちよさを感じる森に生まれ変わった。しかも、二〇一六年に伐採した切り株から、なんと何十本もの若木の芽が元気に出ていたのだ。また三〇年後には、立派な建築用材が採れる森になっているだろう。

このことから持続可能な暮らしを考えた時、真脇縄文小屋は少なくとも、三〇年以上の耐久性がなければならない計算になるのだが、屋根周りを含まなければおそらく四〇年以上は優に持つだろう。さらに常に乾燥している状態の室内の木材なら、虫害がない限り二〇〇年以上は大丈夫だろう。私がこのように言えるのは、古建築修理現場で見て学んできたからだ。「論より証拠」である。

このように縄文人達は、定期的な用材確保のため周辺の森に計画的に手を入れ、半人工的な森をつくり上げていただろう。森との共存共栄の中で森からの恵みの供給システムを確立していたことを、私は感じるのだ。

太陽の光がほどよく差し込む森は、木の実や山菜、その他いろいろな動植物の育つ命豊かな森だ。

現代の私達の暮らしの場に、このような森が存在するだろうか。たとえあったとしても、人間との密接なつながりのない冷え切った森なのではないかと思う。

古民家に学ぶ自然素材の利用法

「古民家を想像して一番先に頭に浮かぶ姿は?」と聞かれれば、やはり「茅葺き屋根(草で葺いた屋根の総称)」ではないだろうか。建物全体を覆い尽くすほどの存在感は印象深く、ふる里の原風景としていつまでもあり続けて欲しいものだ。

そのほか古民家の茅屋根として使われてきた素材には、すすき、稲藁、麦藁、葭《よし》、笹などの草が使用されてきた。

また木材を薄く割った板葺き屋根には、耐久性のある栗の木や、風呂桶などに使われたヒノキ科の椹《さわら》が使用された。板材を屋根に固定する方法は、下からだんだんに板を重ねた上に平べったい石を重石《おもし》として、ところどころに置いただけのものである。

さらに建築材として使用された檜や杉の木の皮は、二次利用として屋根材や壁材にも利用された。植物性の屋根だけではなく、大谷石や薄く割れる性質を持つ粘板岩の玄昌石などの石葺き屋根もあった。

しかし現在では、自然素材を使用した屋根は、文化財指定された建物の屋根でしか見ることができないほど希少なものとなっている。

不思議なことに、昔は社寺建築でしか使用できなかったほど高級な瓦が、現代では一般的な屋根材料となっていることである。

建物の最上部を見た後は、最下部を見ることにしよう。現代住宅では、土台と基礎をアンカーボルトという金物を使い強固に結合させているが、古民家は、川原から拾ってきた平べったい楕円形の石の上に載せてあるだけなのだ。地震でもあればすぐに石から土台が外れ建物が倒壊するイメージが、皆さんも浮かぶだろう。私も、古建築の修理をする前はそのように考えていた。

しかし、いく度となく台風や大雪にさらされ関東大震災（一九二三年）を乗り越えてきたいくつかの古建築の修理に携わった中で、石と土台の接合面に、石の上からずれ落ちたり、前後左右に移動したりした形跡が、どの建物にも見受けられないことに気づいた。おそらく、建物と石が一体となって揺れ動き地震力を吸収したことで、石と建物のずれを防いでいたのだろう。

現代人からしてみると、ただの自然石の基礎だけで大丈夫かと心配になるが、事実、私が修理に携わった古建築は、自然の猛威に耐えてきたのである。

確かに、石の上に土台を載せてあるだけなのだが、その石はただ自然の地面の上に半分埋められて置いてあるだけではないのだ。何人もの人力で重い丸太を上げ下ろししながら、しっかりと地面を締め固めた上に設置されたものだからこそ、何百年も耐えることができたのである。

ただし、建物を建てるうえで一番大切なことは、なんといっても軟弱な地盤の上に建てないことだ。今では、地盤調査する機械もあるので安心できると思われるが、古くから宅地として利用されていた場所に建てるのが間違いないだろう。

また、古民家の修理現場で「一番長持ちする木材は何ですか」とよく聞かれるのだが、私は迷わず「栗の木です」と返答している。

なぜなら、古民家の土台に一番多く使用されている木材であり、その耐久性の高さを毎回現場で目にして驚かされているからだ。

ある修理現場でのことだが、長い年月の間、土台が見えなくなるほど、蓄積された土に埋め尽くされていた。たぶんその状態で、何十年と放置されていたと思われる。私は「完全に腐っている」と思ったのだが、土を取り除いてみると、なんとそこには、表面には多少の傷みはあったものの、そのまま修理しないで使用できるほどにしっかりした栗の土台が現れたのだ。この時ほど木の耐久性の高さに感服させられたことはない。

つくられた時代が古い古民家ほど、建物全体に使用されている栗の木の量は多い。土台だけではなく、柱や梁、板材、さらに屋根下地の部材にまで使用されている例もあった。栗の木は建築材料としてオールマイティーな木材なのだ。

栗の木の魅力は耐久性があるだけではない。マサカリや手斧で削った木肌模様がしっかりと浮き上がり、本物のさざ波のようなテクスチャーを味わえるよさがある。さらに手道具との相性が抜群で、材質が柔らかすぎず硬すぎずの中間でちょうどいいのである。

建築材料になる以前の栗の木は、山の恵みを生み出してくれる豊かな森の象徴だ。そして動物や私達の好物を生み、さらに建築材料として大活躍する本当に素晴らしい樹木ではないだろうか。

ところが残念なことに昭和時代の初め、植林政策で日本中の大半の山の樹木が、檜・杉・赤松・カラ松といった針葉樹に変えられていったことで、広葉樹である栗の木は減少した。その理由は、広葉樹より比較的真っすぐに成長する針葉樹の方が建築材として都合がよいからである。

減少を招いた理由はもう一つある。私達の毎日の暮らしを支えてくれている鉄道の線路を張り巡らせるために、日本中の栗の木が枕木に使われたという背景もあるのだ。

植林された針葉樹は戦後、安い輸入材に市場を奪われ、何十年も放置されている状態の山がほとんどだ。間伐作業もゆき届かず、根を深く広く張れずに上へ上へと伸びた針葉樹は自然災害に弱く、各地で山の崩落を起こしている。今後、日本が山とどのように向き合っていくのか、国民的議論が必要な時であろう。

山の話が出たついでに、昔の山の状態を古民家に使用されている樹木から考えてみたい。先に述べたが、江戸時代の古民家は栗の木の使用率が高い。逆に明治以降、栗の木はほとんど使用されていない。栗の木以外の広葉樹では、桜・桂《かつら》・朴《ほお》・栃《とち》・楢《なら》・欅《けやき》・樫《かし》、さらに新潟県の古民家では橅《ぶな》が使用されていた。このような広葉樹も栗の木と同じように時代が下るとほとんど使用されていない。

このことから山の状況を推測してみると、江戸時代には、たくさんの種類の広葉樹を中心とした樹木が生い茂っていたことが想像できる。ただ庶民の住まいに、檜や杉を使えない政治的規制もあったかもしれないが、それにしても庶民の住まいを建てられるだけの広葉樹の山が周りにあったことは確かだろう。

現在、国内産の建築木材はほとんどが杉・檜で、平均六〇年生の目通り四五センチ程度の丸太が使用されている。これらの樹木は一年で約四ミリの成長幅なのだが、古民家の使用木材はその半分の二ミリほどであり、年輪《ねんりん》を数えるのが大変なほど細かく刻まれているのだ。

丸太を横に輪切りした面を木口《こぐち》といい、木が一年間に成長した幅が刻まれていく。幅が広ければ成長が速く、逆に狭ければ遅いことがわかる。成長の遅い木の方が、木材強度や耐久性があり良質な建築材料となるのだ。

年輪には暖かい時季に形成される夏目《なつめ》と、寒い時季に形成される冬目《ふゆめ》がある。成長の速い木ほど、夏目の幅が広くなる。その部分の材質はとても柔らかく形成されるので、強度と耐久性が低くなる。古民家が何百年も耐久性を発揮できたのも、こうした良質の多種多様な木材を供給できる環境が昔の山にはあったからだ。

しかし、このような良質な木材は、今の日本の山にはほとんど存在しないだろう。

戦後、高度経済成長と共に日本中の山の木材が大量に使われた。はげ山となった日本各地の山に、人工栽培した檜や杉の苗木を大量に植林したので、単一的な人工林がほとんどを占める今日の姿となったのだ。さらに残念なことに、木を大量に植林したものの、外国から安価な木材が大量に輸入され始め、その結果、日本の林業は衰退し、光の差し込まない荒れ果てた山が大部分を占めるようになってしまった。

世界に誇れる木の文化を築いてこられたのも、豊かな日本の気候風土が生み出した多種多様な樹木のおかげであった。私達は、次の世代に山を育て生かす先人の知恵を伝えていかなければならないのだ。いつまでも安価な木材は輸入されてこないのだから……。

さて、今度は床の話をしてみよう。現代の私達にとっては「床」といえば「木の床」であるが、ひと昔前の世代なら「畳」ではないだろうか。では、江戸時代の一般庶民は、何と答えるだろうか。おそらく「土座《どざ》」か「竹の床」と言うだろう。

なぜなら、木の床や畳の床をつくるには、たくさんの職人の労力が必要なので、よほどお金のある人達でない限り、木や畳の床にはできなかったのだ。「江戸時代の庶民はかわいそうだな」と思われるだろうが、どっこいこの土座と竹の床は、どちらも快適な床なのである。

「土座」の床とは、土の上にむしろ（藁などで編んだ敷物）を敷いたものである。土とむしろの間に藁やもみ殻、落ち葉などを敷き込み断熱層をつくり、地面からの冷気を遮断する。しかも地面からの湿度と人間の体温でそれらが発酵し、多少の熱が発生するので自動床暖房になる。さらに、一年ごとに断熱層を取り替えるのだが、ほどよく腐敗し始めた藁は、最高の畑の肥料となる。本当に先人の知恵はすごい。

「竹の床」も日本の高温多湿の気候風土に最適な床なのだ。使われるのは、直径三〜五センチの太さの丸竹で、それ以上太い竹は丸竹の直径に合わせて半分に割ったものを使う。地面から四〇センチほど上がった所に横木を渡し、その横木に丸竹を寄せ並べ、縄で縛り付ければ完成である。

このような構造なので、夏場は地面で冷やされた空気が床下から吹き上がってきて冷房装置となる。逆に、冬はむしろを敷いて空気の流れを止めて対応する。掃除はしなくても一年中ピカピカの床のままだ。その秘密は、人間の足の裏で磨かれるのと、竹と竹のすき間からほこりが自動的に落ちるからだ。さらに竹踏み効果で足の裏が気持ちよく、健康的だ。

江戸時代の庶民は、お金がなくても自然の素材の特性を理解して、それを人間の知恵と技術で見事に暮らしに取り入れ、快適な空間をつくり上げていたのだろう。

さて今度は、茅葺き屋根の次に印象深い「土壁」の話をしてみよう。「土壁＝弱い壁」という先入観から、「地震の時に剝がれ落ちたり、雨に濡れるとドロドロに溶けたりしてしまう」といった悪い印象をお持ちかもしれないが、そのイメージが一八〇度転換する話をしてみたい。

古民家修理の方法には、大きく分けて三つのタイプがある。一つ目は、傷みの程度が小さい場合の「部分的修理」。二つ目は、建物の壁を剝がして行う「中規模的修理」。三つ目は、建物全体をバラバラに解体して修理する「全解体修理」だ。私はこの作業の中で、今まで何度も古民家の土壁を解体してきた。古いものでは二〇〇年以上前の土壁もあった。もちろん、雨漏りが原因で傷みの激しい所は簡単に崩れ落ちるが、そうでない箇所の土壁は、四キロほどもある木槌で力一杯打ちつけても、まったく歯が立たない。何十回と同じ所を叩いて、やっとこさ剝がれ落ちるのだ。

なぜこれほどまでに土壁は強いのか。その秘密を現場で探ってみた。

まずは、どのような土を使用しているかだ。粘土のように強力に粘りの強いものか、砂のようにさらさらした土かで、強度に大きな違いが出る。しかし、粘土が強すぎると収縮率が高まり、壁に大きな亀裂が入りやすくなるので、山砂を混ぜて粘土の量を調整する。それに稲藁を七〜八センチに切ったものをよく混ぜ合わせ、水を加えドロドロにした状態で半年ほど熟成させる。その間、稲藁が腐敗して納豆のような粘りが生まれてくるのだ。このような土を使うと強い壁となる。

次に、土を受け止める下地材にいい竹を使用しているかどうかだ。竹は、三〜五年生のもので八〜一〇月に伐採したものがいい。春先の竹は、養分を吸い上げていて虫に食べられやすくなるので使用を避けるべきだ。

竹の下地のよさは、そのしなやかな弾力にある。外部からの衝撃を土壁と一体となって揺れながら吸収してしまうのだ。一見弱そうだが、ここに強さの秘密が隠されていたのだ。

土壁のすごさは、これだけではない。永遠に腐らないので、何度でも再利用できる。水と稲藁を加えるだけで再生するので、現代の鉄やコンクリート、ガラスのように莫大な再生エネルギーを必要としない。さらに、壁の厚さを増せば断熱性能が高まる。蔵の中などの温度が一年を通してあまり変わらないのは、この壁の厚さのおかげである。夏の暑い時に古民家などに入ると涼しく感じるのは、土壁の中の水分が蒸発する時に、周りの熱を奪ってくれるからだ。

まさに、「母なる大地」そのものである土壁は、最高の建築素材なのだ。

私達を毎日支えてくれている水平面として「床」があるわけだが、もう一つの水平面である「天井」の話をしよう。

そもそも「天井」は、人類の住まい空間の中に最初から存在しなかったとされているが、私は、かなり初期的段階で取り入れられたと考えている。

なぜなら天井には、暖かい空気を室内に閉じ込める保温効果があるからだ。さらに天井の上と屋根の間に小屋裏空間ができるので、その空間をいろいろなことに利用できる。加えて天井の水平面が剛性（外力に対して形を変えまいとする性質）を生み出し、建物の耐震性を高めるのである。一石二鳥どころか一石三鳥の効果がある「すぐれもの」なのだ。

現代住宅からはなかなか想像できないことだが、古民家ではあらゆる自然素材から、住まい全体が立派につくられていることを知っていただけただろう。そして、人工的な工業製品の建材類を使用しないでも住まいがつくれることは、現在、全世界の共通目標である「持続可能な暮らしの構築」の実現に向けて必要な知恵と技術である。失ってはならない人類の生命線なのだ。

現代住宅の素材は、大部分が工業製品であり、その素材を生産するのに莫大なエネルギーを必要とする。再利用できるものはほんの少しであり、それさえも生産する時以上にエネルギーを使わなければ再利用できないのだ。さらに、ほとんどの工業製品は、産業廃棄物として適正な処分をしないと自然環境や人体に害を与える。

この適正な処分にも莫大なエネルギーが必要となるし、中には不法投棄されるものもある。

このことからも、いかに「自然素材の自然的利用」が、地球環境のためにいいかということがわかる。だが、現実的にこの知恵と技術は、工業製品として商品化された現代住宅には、受け継がれていない。

私達は、この知恵と技術をどのようにして未来へつなげていくか模索を始めなければいけない時代を生きているのだ。

私は縄文小屋づくりを通して、豊かで心やすらぐ能登の森と接してきた。「森は快く迎え入れてくれ、仕事を見守ってくれた」と言いたいが、森は私をどのように見ていたのだろう。

森の寿命と環境破壊

大工として森の木を伐る日々の中で、感じることがある。

私達の祖先は、森の中で暮らしていたサルなのだ。サルから人間に進化してからも、森からの恵みを享受しながら、森への理解を深めていった。その長く深い学びの成果として、人間は、計画的にすべての生き物にとって豊かな森をつくり、森と共存共栄していく動物として君臨してきたのではないだろうか。

そしてつい最近「文明的暮らし」を始めた人類は、命の森との暮らし方を忘れ、森を切り拓き、農地を広げ、文明人が常食とする穀物を大量に生産し、現在は七七億人の暮らしを支えている。

さらに毎年約一億人ずつ増加する人達の食料を増産するため、毎日世界中の森を切り拓いているのだ。皆さんはこれが「自殺行為」であることをご存じだろうか。

この地球は、七割が海で残り三割が陸地である。陸地には、南極や北極、そして砂漠のように樹木が一本も生えていない所があったり、シベリアやカナダなど寒い地域では、目通り一五センチほどに成長するのに一〇〇年以上かかるような場所もある。そして、このような厳しい環境の場所が陸地の大半を占めていて、すくすくと樹木が育つ環境の場所は、ほんの少ししかないと言っても過言ではないだろう。

その貴重な森を切り拓き、人類の命を支えているのだが、その森を失ってしまえば、私達人類はおろか他の生物達も生きてはいられないのだ。私達生命が生きていられるのも、呼吸に必要な酸素が空気中にあるからだ。この酸素を生み出す生物達が森そのものであるから、森を失えば当然呼吸ができなくなり、窒息死する。

森は無限にはない。「イースター島の悲劇」を教訓として、私達人類は、手遅れになる前にこの残りわずかな命の森と向き合い、世界中の人々と議論して「宇宙船地球号」を転覆させない、新しい暮らしを創造しなければならない。

私は、このような暮らしを創造できる鍵を、真脇縄文小屋づくりを通じて見つけることができた。

住まいをつくることとは、持続可能な暮らしと両輪でなければならない。つまり、持続可能な暮らしを考えて住まいをつくるということである。住まいとは、私達の暮らしを表現した造形物なのだ。

今回の石斧や石ノミなどの道具を使った作業量は、全体の四割程度である。残り六割の作業は力を合わせて創意工夫しながら骨組みをつくり上げたり、屋根を葺いたり、縄をつくったりの共同作業であった。

参加者一人ひとりが、持続可能な衣・食・住とは何かを真剣に考え、みんなの力と心を一つにしてつくり上げた暮らしの造形物であった。

住宅展示場の「最新の住まい」は、大企業主体の考えでつくり出された商品である。今その「商品化された住まい」が日本中を埋め尽くしている。グローバル化した世界経済を見れば、この現状が世界中の大半の住まいづくりの形であることが理解できるだろう。

「最先端の住まい」とは、ハイテク産業の副産物でもなく、人間だけが快適に暮らせるものでもない。この暗黒時代に希望の光を放つものであるはずだ。

真脇縄文小屋は、これからの理想の住まいを過去の暮らしから学び、「みんなで学び、考え、つくった小屋」である。

これこそ最先端の住まいづくりではないだろうか。

第三章
三万年前の丸木舟で大航海

写真：スギメ（杉の女神）と名づけた丸木舟（国立科学博物館提供）

「原始人の石斧」で舟づくり

真脇縄文小屋も無事完成し、「当分、石斧の仕事もないだろう」と、半ば諦めの思いでいたのも束の間であった。

二〇一七年九月、私は再び「石斧を手に」能登の森に立っていたのである。目の前にはゴツゴツとした分厚い樹皮に覆われた杉の木が、天に向けて真っすぐに、力強くそびえ立っていた。

人生とは不思議なもので、縄文小屋が完成した直後に、なんと国立科学博物館より「三万年前の航海 徹底再現プロジェクト」で使用する丸木舟の製作依頼が舞い込んできたのだ。

このプロジェクトは、「三万年以上前に、海を越えてやって来た私達の祖先の航海を科学的に検証し、その知られざる『本当の原始人達の姿に迫る』」というものである。

私達の先祖は、当時三つのルートからやって来たと言われている。一つ目は、北海道ルートである。当時の日本列島は、現在よりも海面が八〇メートルほど低く、北海道とサハリンは陸でつながっていた。そのため実験航海の対象にはならない。

二つ目は対馬ルートである。朝鮮半島と日本列島の距離は約八〇キロであり、しかもその真ん中に対馬の島がある。そこから対岸が見える距離なのだ。日本列島へ渡ってきた旧石器人や縄文人、弥生人も、その多数がこのルートでやって来たと言われている。

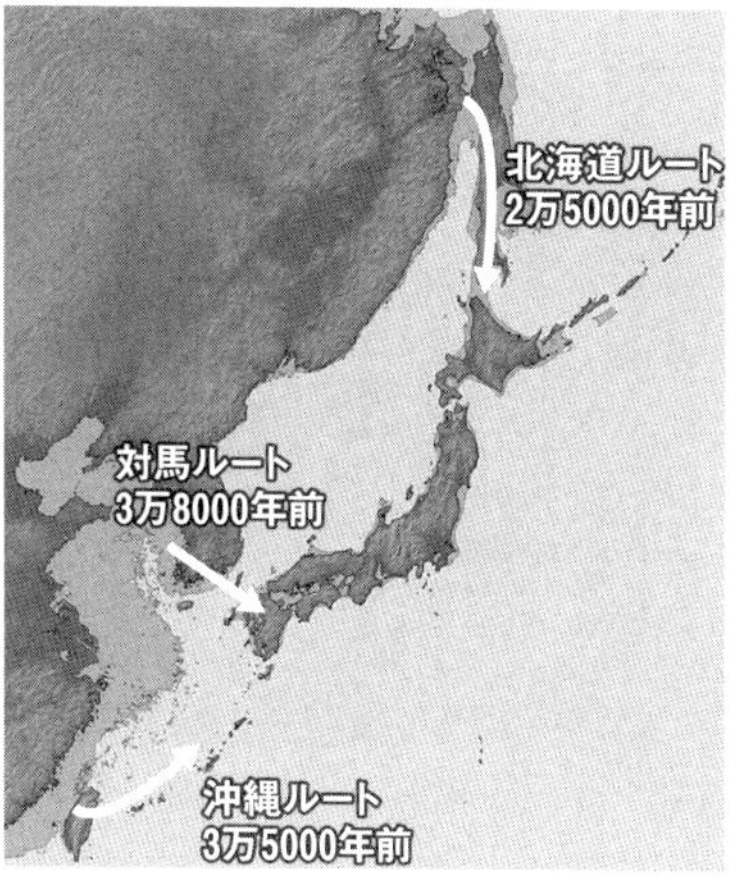

先祖がたどったルートの地図（国立科学博物館提供）

三つ目は沖縄ルートである。現在の台湾は当時、ユーラシア大陸の一部であった。そこから最短距離で一一一キロほど離れた所に、現在の日本の最西端の地である周囲約二七キロの小さな与那国島《よなぐにじま》がある。今回の実験は、この沖縄ルートの一つであったとされる「台湾から与那国島」を目指す実験航

台湾と与那国島の間には巨大な黒潮が流れる（国立科学博物館提供）

海である。

　この海峡には、「黒潮」と呼ばれる世界最大規模の海流が、人の歩くのと同じ速さで南から北へ流れている。黒潮の勢いが強い時には、幅が一〇〇キロにも達し海峡全体に広がることもあるのだ。

　その巨大なパワーは、日本列島にたくさんの恵みを送り届けてくれるのだが、時として荒れ狂う手のつけられない海に変貌する。

　現在の動力船でも、この海峡を横断する航海は大変なことなのに、なんと三万年前にこの難関の黒潮を「原始の舟」で越え、移住に成功した旧石器人達がいるのだ。

その証拠として琉球列島には、一〇ヶ所の旧石器時代の遺跡が発見されている。

では、旧石器人はどのような舟をつくって航海したのか。それを明らかにするために、二〇一六年から実験が始まったのだった。三万年前に使われた舟は不明なので、自然素材でつくれる草と竹の舟が試されることになった。

最初は、ヒメガマという草を束ねた「草束舟」で挑んだが、潮に流されて失敗した。次は二〇一七年、台湾との共同体制のもと、竹筏《いかだ》舟で挑んだが黒潮に流され、途中で断念した。

残る舟の可能性として、「丸木舟」をつくり、「プロジェクト完結編」の航海をすることになったのだ。

私はその舟の製作を頼まれたのだが、困ったことに、「三万年前の丸木舟」など想像もつかなかった。そもそも「丸木舟」という舟のことすら何も知らなかったのである。しかも恥ずかしいことに、「旧石器時代の石斧」のことも、よく理解していなかった。

約三三〇万年前から一万年前の旧石器時代と、縄文時代とでは、人々の暮らしや石器の種類も大きく異なる。石斧と出会って真脇縄文小屋をつくり、縄文時代こそ石器文化が花開き、人々の暮らしが豊かになった時だと思い込んでいた私は、旧石器時代の石器や人々の暮らしに関心を持つことなどなかったのだ。

しかし旧石器人達が、困難な大航海を成功させている事実を知り、このプロジェクトに関心を持つと同時に、その暮らしと石斧の使用技術を知ることのできる「最高の学びの場だ」と思った。どんなことがあっても最後までやり抜く覚悟で挑んだ。

丸木舟は旧石器時代に存在するか

そもそも、ウハァウハァと言いながら石斧を手にマンモスを追いかけていた旧石器人に、巨木を伐り倒しさらに丸太を刳《く》り抜いた丸木舟などつくれるのだろうか。

縄文時代の丸木舟は、現在九九ヶ所の遺跡から一七三点確認されているが、旧石器時代の遺跡からの出土例はないのだ。

専門家の間では、「丸木舟の使用は、縄文時代からで、旧石器時代の水上航行具は、浮力のある自然素材を束ねた筏であろう」と考えられていたのだ。

しかし今回の二度の実験航海で、草・竹の筏舟では航海できなかった。残された可能性として丸木舟案が浮上し、つくることになったのだ。

ところが、世界中探してみても旧石器時代の丸木舟の出土例はない。いったいどんな形をしていて、どのような手順でつくればよいのか、知っている者は世界中に誰一人としていないのである。

このような中で参考になったのが、縄文の丸木舟である。しかし出土している一七三点の遺物は、ほとんどが舟の一部分と思われる残骸で、一見して丸木舟だとわかる状態のものはわずかしかない。

今回のプロジェクトでは、その数例の「原形に近い丸木舟」を参考にした。

しかしひと口に丸木舟といっても、その形態は多種多様に及ぶ。なぜなら、漁労、物資の運搬、新天地を求めての航海といった舟の目的によっても形は違うからだ。また、川、湖、海など、使用する場所によっても変わってくるだろう。

今回の使用目的と場所は、台湾の高山から見ることのできる与那国島を目指す航海であり、黒潮の流れる大海原を乗り越えられる舟でなければならない。

台湾から与那国島までの渡航は、黒潮に流されることを見越して、二〜三日間と予想されている。この間、外洋の荒波にさらされ続ける命懸けの航海となる。

このような航海には、川や湖、また磯で使用される丸木舟より遥かに、安定性・推進力・耐久性が求められるだろう。多種多様な丸木舟の中でも「高性能な舟」ということになる。舟のことを考えれば考えるほど、従来の「原始人は野蛮人だ」というイメージがなくなっていった。

しかし専門家の中には、「縄文時代の丸木舟より高度な丸木舟を、旧石器人達はつくれないだろう」という考えもあった。

確かに、時代と共に技術は進歩するものだと考えればその通りであるが、その考えの枠の中にいたのでは、このような超高性能な舟はつくれないだろう。

なぜなら、舟や海に無知な素人の私から見ても、出土した縄文の舟は、どれも外洋を何日間も航海できる舟の形には見えなかったからだ。外洋の海と向き合い、熟練した技術と経験を持った漕ぎ手達に聞いても、「おそらく縄文の遺物の舟は漁労用で、川や湖や磯などで使用されたものではないか」という意見が多数であった。

では、縄文時代には、外洋を航海できる舟はなかったのかというと、そうではないのだ。縄文時代、伊豆半島先端から五〇キロも離れた場所にある神津《こうづ》島産の黒曜《こくよう》石《せき》が伊豆半島に陸上げされ、さらにそこから各地に運ばれたことが解明されている。さらに驚くことに、この日本列島に人類が住み始めたと同時に、外洋を往復航海した証が残されているのだ。

静岡県沼津市にある、約三万八〇〇〇年前の旧石器時代の井出丸山遺跡の石器群に、神津島産の黒曜石が含まれていた。井出丸山の旧石器人は、黒曜石を獲得するために神津島へ渡り、再び本土へと戻ってきたことになる。

このことは、人類最古の意図的な往復航海を示す事例として、世界的に注目されている。当時この海域にもおそらく黒潮が流れていただろう。その中での往復航海は、非常に高度なレベルのものだったことは間違いない。これらの事実からも、旧石器時代に舟をつくる技術と、それを操縦する航海技術があったことがわかる。

もう一つ、大工職人として思うことがある。それは、大工道具を操る技術は、その道具の使用年数が長いほど高度な技術となり、高性能なものを生み出せるということだ。

その社会の背景に、その時代の暮らしがその道具を必要としているか、そうでないかで技術の進歩が決まる。

現代の「ハイスピードの社会」で必要としている技術は、機械道具による技術が主である。スローな手道具となると、その操る技術が低下することは必然となる。現代人は斧や手斧《ちょうな》の名前や、使い方すら知らない。これが進歩の現実的結果である。

縄文時代は定住が進み、村と村との交流の中で物が行き交い暮らしが成り立った社会で、外洋を航海する舟はある特別な集団以外必要としなかったのではないかと、私は想像する。

逆に旧石器時代は、生存可能な新天地を求めて移動生活をする「移動民」の時代である。大陸での人口が飽和状態になれば、海の向こうの新たな陸を目指して移動したのではないだろうか。必要に迫られて外洋舟を発明し、人類の生存地域を広げていった時代であり、その中で外洋航海対応の丸木舟をつくるすぐれた技術が発達したのではないか。

水平線の遥か彼方に新天地を求めた旧石器人にとって、高性能な丸木舟は必需品であったであろう。

高性能な丸木舟をつくる道具とは？

では次に、この高性能な丸木舟をどのような道具でつくったか、考えてみよう。

私は、年に何回か子供達と一緒に縄文人の暮らしを学ぶ体験教室を開催している。

そこで私は子供達によく聞くことがある。

「みんな、縄文人ってどんな人達かな？」

すると子供達はニコニコしながらこう答えるのだ。「毛むくじゃら」「髭《ひげ》生やしている」「髪が長い」「皮の服を着ている」「裸足」「サルみたい」といった具合に次から次へと飛び出してくる。それもそのはず、縄文人のおじさんが目の前にいるのだから、ニコニコと答えるわけである。

中には、「頭がいい」「知恵がある」なんて言う子がいて、その洞察力に驚かされることもたびたびある。ちなみに目の前の縄文人は、頭の中がスカスカであるが……。

一番多い共通の答えは、「石斧《せきふ》を持っている」と「石槍《いしやり》を持っている」、この二つである。

子供達はおそらく、動物を狩るための狩猟具として、石斧と石槍を認識していると思うのだが、皆さんはどう考えるだろうか。もちろん、石斧は「住まいをつくる道具」で、石槍は「狩猟具だ」と区別できている方々もいるだろう。

よくよく考えてみれば理解できることなのだが、大型恐竜と同じような巨大なマンモス相手に、石斧で立ち向かっても歯が立つわけがないのだ。けれどもほとんどの人達が、石斧の使用目的を履き違えている。

実は私もつい数年前まで、履き違えていた一人なのだ。真脇縄文小屋の製作を通じて、石斧は頑丈な住まいをつくるための道具なのだと、その時初めて認識できたのである。その当時、丸木舟のことなど頭になかったので、石斧は、縄文時代の定住生活で頑丈な住まいをつくるために「発明された道具」だと思い込んでいた。

だから石斧が発明される以前の旧石器時代の人々の生活は、木の枝を縄で縛り付けた骨組みに、茅や動物の皮を張り付けた小屋に住み、動物達を追いかけて暮らすという認識のもと、頑丈な住まいをつくる必要はなく、「小さなナイフ」で簡易式テント程度のものがつくれればよかった、と理解していたのだ。

そうなると高性能丸木舟は、この「小さなナイフ」でつくったのかということになってしまう。何年もかけてやればできないことはないが、想像しがたい話である。

ではいったい、どんな道具で丸木舟をつくったのだろうか。私にも想像できなかったのだ。

学校の教科書には、「旧石器時代の石斧は打製石斧で、新石器時代（縄文時代）の石斧は磨製石斧」と書かれている。

打製石斧とは、石を打ち割って斧型にした石斧であるが、刃先がボコボコした鈍器なので、土掘り具と言われているものだ。

鋭利な刃の付いた磨製石斧でさえ、立木を伐採

左の２本が打製石斧、右の２本が刃部磨製石斧

左が磨製石斧、右が刃部磨製石斧

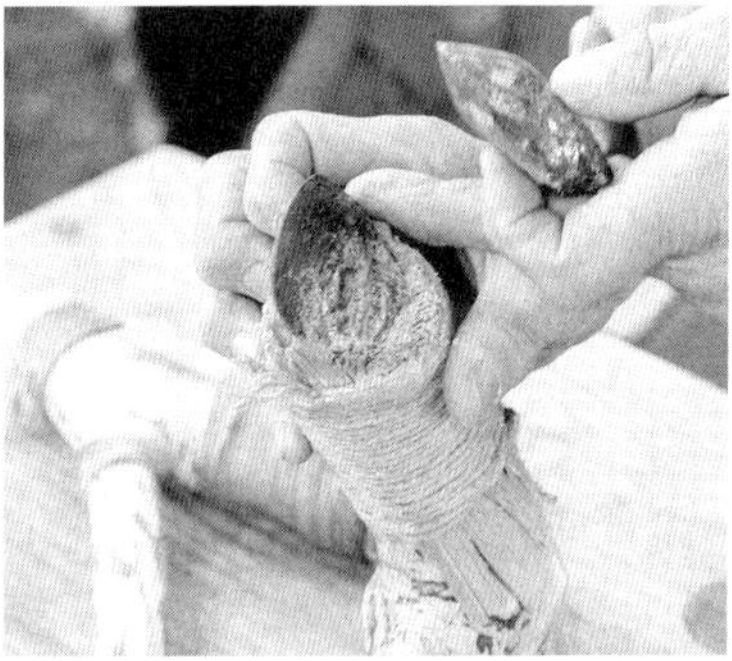

刃部磨製石斧。先が尖っている

するのに大変な労力を必要とするのだから、打製石斧で伐採をしようものなら、木が倒れる前に、人間の方が先に倒れてしまうだろう。丸木舟づくりに使用する道具は、打製石斧では無理な話となる。ますます謎は深まるばかりだ。しかし、今回の「三万年前の航海 徹底再現プロジェクト」の強みは、各自がそれぞれの分野のスペシャリスト達であることだ。教科書に書かれていないことをたくさん知っている。

このおかげで私も初めて知ったのだが、旧石器時代の石器に「刃部《じんぶ》磨製石斧」という石斧が発見されている。この丸木舟の製作道具は何かという問題は、石斧研究者の知識によって難なく解消されたのだが、次なる問題は、「実際にその石斧で巨木が伐採できて、丸木舟をつくれるか」につながる。

刃部磨製石斧を少し説明すると、なんとこの石斧は、世界広しといえども、まだ日本やオーストラリアなどでしか発見されていない世界最古の珍しいものなのだ。

日本では、長野県の野尻湖畔にある日向林《ひなたばやし》遺跡から約三万五〇〇〇年前頃の刃部磨製石斧が発見されている。さらに本州や九州でも九〇〇点ほどの出土例がある。

オーストラリアでは、国内最古級の遺跡から四万七〇〇〇年前頃の刃部磨製石斧が出土しているのだ。

縄文時代の磨製石斧は、石斧全体がツルツルに磨かれている。だが、刃部磨製石斧は名前の由来のように、刃先の部分だけが磨かれ、鋭利な刃が付いた石斧なのだ。材質は蛇紋岩《じゃもんがん》などが使われている。偏平な石を敲石《たたきいし》で叩き、小判のような形に整えてある。柄は、枝の股の部分を利用したものを使う。股が分かれた太い方の木部を半分削り、そこへ石刃を取り付ける。この時、薄く割った平板を添え木として、石刃と一緒に縄で縛り付ければ完成だ。

私の経験から、立木の伐採に適した石斧の大きさは、「手の平サイズ」のものがベストだと思っている。

今回の目通り一メートルの杉の巨木の伐採実験では、東京都立大学の山田昌久先生のチームが用意した刃部磨製石斧を使用することになった。

私は、この時まで刃部磨製石斧のことを知らなかったので、縄文時代の磨製石斧を復元したものを数本用意した。

できればこの縄文型石斧を使用しないで伐採が完了すればよいのだが、万が一に備えたのである。

なりきり旧石器人の私は、さすがに道具箱の中に弥生以降に使ったとされる鉄斧を入れることはできなかった。たとえ旧石器型石斧が途中で使えなくなっても、その代替として縄文型石斧を使い、鉄斧だけは絶対に使用しない覚悟で挑んだ。

ご神木の命をいただいて

今回の丸木舟プロジェクトで、あらぬことに能登の森のご神木の命をいただき、丸木舟の材料にすることになった。

私はその時、三万年前のスタイルの石斧と共に、この森の鎮守である杉の巨木の前に畏《おそ》れながら手を合わせていた。

先ほどまでこの「聖なる杉の木」の御霊《みたま》を、この森で二番目に大きな杉の木に宿替えさせる儀式を行っていたのだ。

ご神木ではなくなったとはいえ、高さ四〇メートルほどある巨木の存在感には、やはり神そのものの存在を感じずにはいられない。杉の木肌に触れると、まさに木の鼓動が伝わってくる。私は、杉の木に今回のプロジェクトの話をして、「あなたの命をいただきます」と伝えた。

私達の一方的な都合で丸木舟の用材として選んだことに、杉の木は納得してくれているのだろうか。斧入れ前の私の鼓動も、平常ではなくなってきていた。「私にできることは、このいただいた尊い命で立派な丸木舟をつくり上げることなのだ」と自分に言い聞かせる。そして心を鎮め、斧入れ前にやるべき準備を冷静に行った。

まず、立木を倒す方向を決める。現代文明の利器の、ワイヤーやウインチがあれば、三六〇度どの方向にも倒すことができるが、時は三万年前である。鉄の工具は存在しない。あくまで当時の道具や物を使うことが今回の必須事項なのだ。

しかし仕事というものは、自然の理《ことわり》に従うのが一番の良策なのである。文明の利器を使い、自然の道理に逆らう仕事は、危険性を高め、重大な事故につながる。ひとたび事が起これば、手のつけようのない惨事を招く。

大工の仕事で必要とされるものは、自然の理を読む力だ。しかしこの読み方はどの教科書にも書かれていない。なぜなら、経験から養われる勘だからだ。

自然の道理に従えば、「立木の重心がどこにあるか」をいかに深く読めるかが鍵となるだろう。今回は幸運なことに、私達が望む方向に立木の重心があったのだ。

次は、その方向に木を倒すために、受け口（切り倒そうとする側の切り口）を決める。そうすれば、その反対側が追い口となる。倒れる側の受け口を先に開けてから、反対の追い口を開けていく手順になる。

最後に、立木の周りの足場をしっかりとつくる。この足場が不安定だと体に無理

横斧を使い、受け口を広げていく

な負担がかかり、体力をすぐに奪われるので、長時間に及ぶ作業ができなくなるからだ。

さて、いよいよ「斧入れ」である。すでにここまでの作業で杉の木と意思疎通をとっていたが、もう一度手を合わせ深く頭を下げた。

「お願いします」と心の中でつぶやきながら斧を入れた。

「ブス、ブス、ブス」

今まで聞いたことのない音と手応えが伝わってきた。振り下ろした斧の鋭い刃は、四～五センチほどある分厚い樹皮に包み込まれてしまった。その皮は、スポンジのような吸収力があり、力一杯打ちつけても、力がどこかへ逃げていってしまうのだ。やっとの思いで皮の部分を切り開き、木肌に達することができた。

この木肌の部分の音と感触で、だいたいの仕事の目安がつくのだ。期待を込めて斧を入れてみた。

「バシ、バシ、バシ」

すべての力が確実に刃先に伝わり、木肌にくい込む音と手応えを感じた。「これは、いけるぞ!」という気持ちになったが、人間の言葉がしゃべれない木の気持ちを、どう表現したらいいのだろうか。

人間にとっては「快感」であるが、杉の木にしてみたら悲鳴である。しかしこの場面は、割り切るしか道はないのだ。私は、ひと斧ひと斧に感謝の念を込めた。

まず、ここから先は山田先生チームが用意した斧に慣れることに専念した。なぜなら道具は職人の体の一部となって初めて、その能力を発揮してくれるからだ。

その晩は、明日の作業を想像すると心がワクワクしてきて、疲れはどこかに吹き飛んでいた。

二日目の作業は、石斧だけでなく私も三万年前にタイムスリップすることにし、鹿皮の上着と熊皮のパンツを実際に着用して作業をした。はたからすれば、ただのパフォーマンスと見られるであろうが、これも実証実験の一つなのだ。

旧石器人は、皮の服しか着ていない。私達はその服の性能も知らず、ただそう思っている。私は皮の服で作業し、その服の長所と短所を知りたいのだ。もし快適なものであれば、現代の暮らしに生かすことができる。失われた英知の復活である。人間の暮らしに欠くことのできない「衣」は、暮らしを豊かにする重要なものだ。旧石器人達も、きっと皮の服の長所と短所を理解して、上手に着こなしていたのではないだろうか。

身も心も道具も三万年前のスタイルの二日目の作業は、順調に進むかと思いきや、暗雲が立ち込めてきた。石斧が一本、二本、三本と立て続けに破損していくのだ。何千回と衝撃を受けたことにより、石刃を最初に柄に固定した位置から左右にずれたり、柄の中にくい込んでいったりする。さらに縛ってある縄が緩み、刃が抜け落ちたりといった現象を頻繁に繰り返すようになったのだ。その都度修理しながらだましだまし使っていたが、中には石刃が半分に折れてしまうものもあった。

昨晩と一転した気分は、一気に疲れを倍増させた。

三日目の作業は、朝から重苦しい空気が流れていたが、最後まで生き残った石斧が、なかなかの仕事ぶりを見せてくれたので、皆の期待感は高まっていった。しかし、何度目かの修理で限界を迎えた。

旧石器型の斧で、全体の約三分の一の切り込み作業ができた。残念なことに、切り倒すところまで使用できなかったが、その能力を十分に感じ取ることができたのだ。私は破損した原因を解明し、改善すれば、より耐久性のある石斧ができることを確信した。

その後の作業は、私が用意してきた縄文型斧で進めることとなった。

四日目から気を取り直し、残りの受け口を広げていった。受け口の形は「と」の字のような切り口になるのだが、奥に切り込んでいくうちに、使用している斧の型では作業が困難になってくる。

前日のような刃の緩みや、ずれといった石刃と柄の装着部分に問題が起こったわけではなく、野球のバットを振るような横方向からの斧の振り下ろしに問題があった。

実は、斧には二つのタイプがある。一つは、今まで使用していた「縦斧」である。もう一つは、「横斧」と言われるタイプだ。

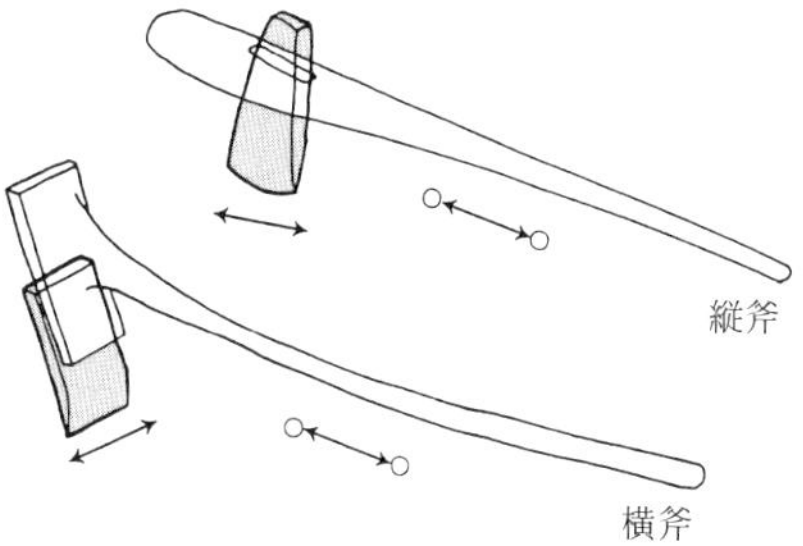

縦斧と横斧。刃と柄が並行になるのが縦斧、垂直になるのが横斧（松戸市立博物館 平成28年度企画展『石斧と人――３万年のあゆみ』より作成）

この構造の違いは、柄のラインと石刃の刃のライン（刃線《じんせん》）が「平行しているか、直交しているか」の違いなのである。縦斧は「平行タイプ」で、横斧は「直交タイプ」となっている。

早速、横斧を取り出し、剣道の竹刀を振るように上下の振りで作業してみた。すると縦斧よりスムーズに、受け口上面の傾斜面にくい付き、みるみるうちに削っていってくれたのだ。

旧石器人も巨木を伐採する時は、「縦斧と横斧の二つのタイプをあらかじめ用意していただろう」と想像される体験となった。

五日目は、追い口の切り込みを始める段階だ。強風が吹いた時、風の力で立木が思わぬ方向に倒れることがあるので、安全のため、ワイヤーを高さ一〇メートルほどの所に掛けての作業となった。

縄文型の斧でも、刃が緩んだり、石刃が折れたりと簡単にはいかなかったが、予備の斧をたくさん用意してあったので対応できた。

五日目にして、あと少しで倒れるところまで切り込むことができた。帰りがけに、翌日現場に来たら変な方向に倒れていないかと心配になった。ワイヤーを少しきかせた状態にして現場を後にする。

六日目の朝、ハラハラしながら現場に向かった。杉の巨木は心配をよそに、あと少しで命が尽きようとしている状態にもかかわらず、凜とした姿で立っていた。その姿からは、「まだ私は生きていて立派にこの森を守っているのだ」という気迫を感じた。私は渾身の力を振りしぼり斧を振った。

あと数百回ほど斧を入れれば倒れるところまで来たので、丸太の中心部分に斧を入れる。これは、木が倒れる時、中心部分だけが切り株に残ってしまう「芯抜け」を避けるための工夫なのだ。

もうすでに、いつ倒れても不思議ではない緊迫した状態が続いていた。

「ピシィ」、ついにこの時がやって来た。合図の音だ。高ぶる気持ちを抑え、斧を振り続けた。

「倒れるぞー」

私はその場から離れた。「ピキィ、ピキィ」と杉の木は声を上げながら次第に傾きだした。

「ギギィ、ギギィ、ギィー、ドシィーン」

大地が揺れ、辺りの風が吹き荒れた。私は静かに手を合わせた。

旧石器人達もきっと私達と同じように石斧や木と向き合い、失敗を重ねながら耐久性のある石斧をつくり上げ、巨木に挑んだのだろう。六日間、計三万六千回も斧を振り下ろす作業を通して、旧石器人のすごさを身をもって感じた。

大地に横たわった杉の木は、地上から見上げた大きさの何倍も大きく感じられた。

本来なら、この場所で舟の長さに切断して水上に浮かべられる形にまで荒削りし、川か海まで運び最終仕上げをしたと思うのだ。

なぜなら、丸木舟にしてしまえば、何十人かで運び出せる重さになるからだ。さすがにこのプロジェクトでは、ここまでこだわることはできなかったので、時を現代に戻して大型クレーン車を使い、東京の作業場まで運搬した。

杉の女神が大変身

東京都立大学のキャンパスで荒削り作業を行った。キャンパスのある八王子は、東京とはいえ、周りに雑木林の広がるのどかな場所である。

伐採してから約一年経過していたので、木材に含まれている水分が蒸発して、材質が硬くなっていないか、心配になっていた。

鉄器や機械道具を使用して削るなら、さほどの心配事もなくできるのだが、石斧で削る場合はそうはいかない。通常は大量の水分を含んでいる状態、つまり伐採してすぐにその場で削り始めるのが理想なのだ。

実際に私は石斧で、水分の多く含まれている木と、乾燥した木材とを削って試してみたところ、その作業の労力は倍ほど違った。

もう一つの心配は、丸太に大きな割れが入っていないかということだった。丸太の状態で長期間置いておくと、乾燥に伴い木材の繊維が収縮していくので、その影響で芯から外側にかけて大きな割れが入ってしまうのだ。もしもこの割れが、舟底か舷側《げんそく》（舟の側面）になる所に入っていたら、使い物にならない。

幸い心配した事態にはなっていなかった。ほっとしたのも束の間、いよいよ未知なる作業のスタートだ。

しかし、実は未知でない部分もあった。私はこのプロジェクトと出会い、いつか新潟県糸魚川市の海岸から丸木舟で富山湾を渡り、能登半島の先端近くにある真脇縄文小屋に行くという、別の冒険を思いついたのだ。

この冒険の丸木舟をつくるには、当然巨木が必要だ。しかし目通り一メートル以上の巨木は、そう簡単には手に入らない。

ところが、日頃お世話になっている地元の製材所を訪ねてみたら、なんと驚くことに杉の巨木が目の前にある。しかも行き先は、まだ決まっていないとのこと。早速、事情を話して丸太を購入した。

私は、自分の舟をつくり上げることで得られる技術を、プロジェクトの舟づくりに生かしたいと思った。私の舟は失敗しても、プロジェクトの舟は失敗するわけにはいかない。職人としての責任を果たしたかったのだ。

約一年に及ぶ舟づくりを通して、製作に適した石斧の形や大きさ、作業の仕方や手順などを、ある程度理解することができた。

ちなみにこの舟の大きさは、プロジェクトの舟の半分ほどであった。

ついに二〇一八年五月、最初の作業が始まった。まずは丸太の皮むきである。木の棒の先をヘラ状に削った道具を使い、樹皮と木肌の境に差し込み剝がしていった。

立木の時には、真っすぐに見えた杉の木も、緩やかな弓状の曲がりがあった。皮を剝ぐと木の癖をより鮮明に読み取ることができるのだ。この木の癖を読み取る眼力は後々の作業に影響してくるほど大切なものなのだが、よほどの経験を積まなければ向上しない。ということは、旧石器人はたくさんの木と向き合ってその眼力を養っていたことがわかる。

今度はその眼力を生かして舟の底を決める。ここが舟づくりの一番の急所なのだ。なぜなら、この時点で「舟の用途に応じた全体像」が頭の中に描けていないと、舟の底は決められないからだ。

悲しいことに、現代文明の世界で生きてきた人間に、丸木舟は必要とされなかったため、直感的に理解できる者は誰もいなかった。

しかし、ここで立ち止まるわけにはいかない。旧石器人達も、最初から理想の丸木舟がつくれたわけではない。試行錯誤を繰り返して、丸木舟づくりの知識と技術を体得していったのだから。

最初からすぐれた知識がなくても、誰にでも理解できる「舟の構造」というものがある。例えば、「真っすぐな舟」と「くの字に曲がった舟」とでは、どちらがいい舟であるかといったことだ。

私達はこれらをもとに、その木の曲がりを上手に生かせる舟の底を決めた。三日月のような形を想像していただければよいだろう。

舟底が決まれば、そこから必要な舷側の高さが割り出せる。その寸法に一〇センチほど削りしろをプラスして舟べりを決め、丸太の側面に寸法線を木炭で印した。

ここまでの作業は頭を使えばできるが、ここから先が体力勝負だ。しかも限られた時間の中で、私一人で削り上げなければならない。しかし、この苦境に立ったことで逆にやる気が湧き上がってきた。

ここで皆さんに聞きたいことがある。丸木舟をつくる時、たくさんの木っ端《こば》（木の削りくず）を出して効率のいい仕事をしてくれる道具は何だろうか？

「石斧」と答えた方は残念、答えは「楔《くさび》」だ。「すべての作業を石斧でコツコツと少しずつ削っていくんだろう」と思っていたのではないだろうか。

縄文小屋づくりでも楔が大活躍した。縄文時代の楔の使用は、遺物から確認できているのだが、旧石器時代の遺跡からは出土していない。

このことから、木を効率よく割る楔を発明したのは縄文人で、旧石器人は楔の存在を知らなかったと解釈することもできるが、私はそうは思っていない。

旧石器時代は、三〇〇万年以上もの長い期間であり、旧石器人達は、その中で自

舟底を削る。舟の安定性を高めるため、試行錯誤の作業を繰り返す

然観察を繰り返し、たくさんの知識を持っていたと思うのだ。木が裂ける性質があることを知っていたのではないだろうか。

彼らが、丸木舟づくりに初めて挑んだ時でも、最初から最後まで石斧だけで削り上げるなんて大変なことはしなかっただろう。

人間は、大変さを身をもって知った時、なんとかしようと工夫するものである。創意工夫を、何百万年も積み重ねてきたからこそ、今があるのだから。

「出土例がない」という現状を踏まえたうえで、実際に石斧だけで削る実験をしたが、楔を使えば数分でできる仕事が数時間かかり、体力がとても続かないことがよくわかった。その後の作業では、私と石斧への負担を軽くするため、楔を多用しながら作業することにした。

舟づくりに話を戻そう。舟べりのラインから上の部分の木材をどのようにして削り取ったかというと、八〇センチ間隔に斧目《おのめ》（V字型の谷溝）をラインまで切り込ませる。次に木口面から楔を四本ほど打ち込んでいけば、残っている山の部分が大きく剝ぎ取れるのだ。

もう一つの方法としては、ラインの全体に、楔を等間隔に何十本も打ち込み、一斉に打ち割るというのもある。

舟べりができたら、今度は丸太の白身（年輪の外側の白い部分）を剝ぎ取る。この白身という部分は、木材が成長するために栄養分を吸い上げている所なので、材質が柔らかく腐敗しやすい。さらに虫の被害も受けやすい。

赤身（年輪の大半を占める内側の耐久性のある赤い部分）と白身の割合は、木の種類や樹齢によって違いがあるので一概に言えないが、良質の杉の場合、八割が赤身で残り二割が白身といったところだろう。

丸太の状態で直径が一メートルあっても、実際に舟として使える部分は八〇センチほどになってしまうのだ。

この作業は、楔と小槌があれば簡単に剝ぎ取れるので、子供にもできる。きっと旧石器人は、子供達と一緒に作業したことだろう。ものづくりを通して、大切な知識と技術を次世代に伝え、命のリレーをつなぐことを、旧石器人達は舟づくりで行っていたのだと思う。

省みて私達現代人は、次世代の子供達に何を伝えているだろうか。杉の巨木のように、大地にしっかりと根を張り、森を守り、すべての生き物のために、威風堂々と生きる、そんな巨木になるような教育を私達はしているだろうか。文明人である私達は、野蛮人と呼び続けてきた原始人達に、教えられることが実に多いのではないだろうか。

この白身剝ぎの作業は、監修と記録のために現場に居合わせた山田先生チームと一緒に行った。

舷側の外側がこの作業で決まったので、次はひたすら舟の内部空間を掘り下げていく。舟づくりで一番気が滅入る作業である。同時に、一番時間を要する作業でもあるのだ。

まずは舟の内部空間を取り囲む舟べりと船首・船尾・舟底の厚さを、削りしろを見越して厚めの寸法に設定し、その内側を掘り下げていく。

この作業は七月下旬に上野の国立科学博物館で、二週間ほどの交流イベントを兼ねて行った。

私は連日の猛暑でヘトヘトになっていたが、皮の服の体感実験を試みた。毛の付いた鹿皮を二枚縫い合わせた服を着て、作業したのである。

暑くて、蒸して、とても着ていられるものではないと思われるだろうが、その心配をよそに、洋服より快適に作業できたのである。

体と服の間を風が通り抜けるので気持ちよく、さらに皮が肌に触れるとひんやりするのだ。重労働にもかかわらず、何の問題もなかった。

原始人達が着ていたと思われる皮の服は、すぐれた作業着としてその機能を発揮した、実用性の高いものだったのではないだろうか。無論、暑い時は上半身裸になるのが一番であるが、裸で作業できない場面も考慮しての実験であった。

荒掘り作業は、舟べりを剝ぎ取った作業と同じ要領で、斧目を深さ一〇センチほど切り込み、そこに楔を打ち込む。この作業をひたすら繰り返すのだ。

木の中心部に近くなると、幹に枝が付いていた跡の「隠れ節《ふし》」と言われる部分が現れてくる。丸太の表面に節がなくても、過去に自然に折れたか、人工的に枝打ちされたかの跡として残っているのだ。

この節の部分は石のように硬い。鉄の刃物でも歯が立たないほどだ。下手をすると刃が欠けてしまうこともある、非常に厄介な存在なのだ。

鉄斧でも慎重に削るのだから、石斧ではさらにゆっくりと石橋を叩いて渡るように、少しずつ削っていく。

直径五センチほどの小さな節であれば、なんとか削ることができるが、それ以上大きくなると刃が欠ける確率が非常に高くなるので、工夫が必要である。炭火で焦がして表面を炭化させてから削る方法もあるが、一番いい方法は、大きな節の少ない木を育てることだ。

林業の世界では、節の少ない檜や杉の木にするために定期的に枝打ちをし、幹から枝を切り落とす。もし枝打ちをしないで放置すれば、節だらけの木材となり値打ちが下がる。さらに枯れ枝が付いたまま成長した場合は、その部分が節穴になってしまうので、舟の用材としては使い物にならないのだ。

今回の杉の木は人間の手で植林されたもので、全体的に年輪の幅が広く成長スピードが速かった。樹齢一三〇年ほどで目通り一メートルに育った木であった。

一〇〇年ほど前に枝打ちされた跡があったが、比較的節の多い内部状況であった。さらに落雷か倒木による傷を受けており、一部に腐れがあった。

舟の用材として使う杉などの針葉樹は、小さな時から大切に管理して育て、何世代も先に引き継いでいかなければ、いい舟の用材となる木にはならないし、いい舟もつくれないのだ。この体験を通じて改めて気づいた。

きっと旧石器人達も、みんなで大切に木を育て上げたのだと思う。狩猟で常に動物を追いかけながら移動して暮らしていただけではなく、かなり長い間定住して暮らしている人達もいたのではないだろうか。

丸木舟づくりは、一つの小さな集団の事業ではなく、複数の集団のものであり、しかもその情報を、かなり広範囲な人々までもが共有して、見守り育て上げたのではないかと私は考えている。

厳しい自然の中で、立派な巨木になるには三〇〇～五〇〇年の歳月がかかるだろう。現在このような巨木は、神社や寺の境内でしか見ることができない貴重なものであるが、旧石器時代といえども、どこにでもたくさんあるものではなかったと思うのだ。

節に悩まされながらの科学博物館での作業であったが、連日会場での声援に励まされ、舟の内部を八割ほど掘り下げることができたのだった。

五日間の科学博物館での作業を終え、再び大学のキャンパスで荒掘り作業の終盤を迎えた。

残り二割ほどの作業では楔が多用できないので、石斧主体の削り作業となる。何度か石刃が欠けたりしたが、研ぎ直して使える程度だったのでその都度、修理しながら内部を掘り下げることができた。

この作業では、大・中・小とさまざまなサイズの縦斧と横斧を幾度となく使い分けた。幅六〇センチ、深さ五〇センチほどの狭い舟の内部での作業は、道具の大きさや刃の形状を考慮しながらの制約の多いものであった。

この作業は、高度な道具の使用技術が求められるものであり、にわか仕込みでできる仕事ではないのである。

私は、大工の道を三二年間歩んできたが、手道具の使い方を本格的に習得しようと思い立って二三年になる。にもかかわらず、石斧を使いこなす技術がとても高度なものであることを痛感させられた。

旧石器人達は、いったいこの高度な石斧使用技術を、どのようにして身につけたのだろうか。

彼らはおそらく、日常の暮らしに必要なものづくりの中で、その技術を身につけたのだろう。しかし簡易式の小屋をつくるぐらいでは、このような技術は習得できない。その他のものづくりで石斧を頻繁に使う仕事を考えてみたが、川や湖や磯な

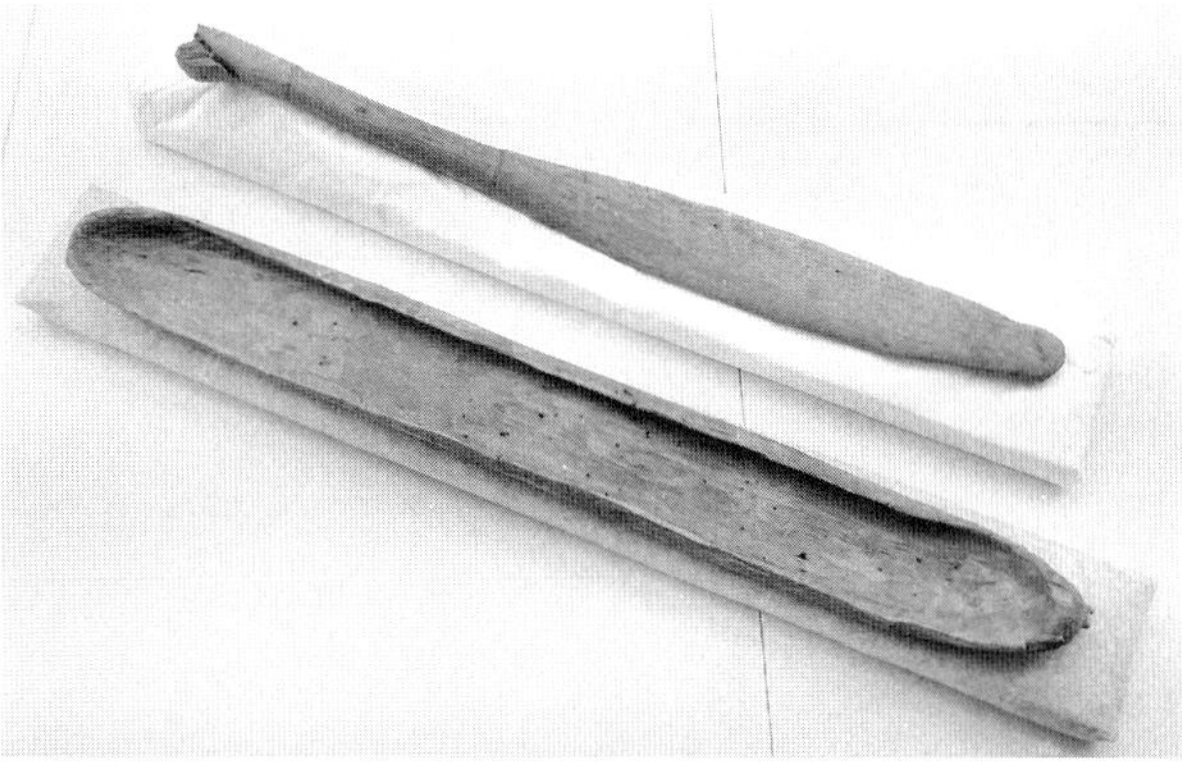

櫂《かい》と丸木舟を模した木製品（縄文時代前期末）。木製品は入れ物として使われていたと考えられる（青森県埋蔵文化財調査センター提供）

どで漁労用として使う舟しか思いつかない。

彼らは、日常的に漁労をするための丸木舟づくりをしていたからこそ、高度な石斧の使用技術を習得できたと解釈できるのだ。またしても旧石器人達の知られざる姿を垣間見たのだった。

内部の舟底の荒削りが終わった次は、外部の舟底と船首、船尾の形を削り出す。だが、ここでまた頭を悩ませてしまう。なぜなら、舟底内部の形状は、「舟の安定性」にさほど影響はないが、外部の舟底の形状はもろに影響を与えるからだ。ではどのような形にしたら、「舟は安定する」のだろうか。

舟の構造に詳しい方なら、「平らな舟底

山梨でつくった
舟の荒削り作業

船首の内部を削る様子

にすれば安定する」と考えるだろうが、そうは問屋がおろさない。

縄文時代の丸木舟の舟底は、ほとんどが丸いのだ。縄文時代の終わり頃になって、かなり平らな舟底が現れてくる。船首・船尾の形状も、舟底の丸い形をそのまま立ち上げた先の丸いものが大半である。

この丸い形が、舟の安定性にどのような効果があるのか、よく考えたうえで舟底の形を決めなければならない。

とりあえず荒削りの段階では、縄文型丸木舟を参考にして、舟底は丸い形とした。船首・船尾は、山型の先の尖った形として荒削りした。

この作業は舟の外側部分なので、体全体をのびのびと使い、削りも順調にできたのだが、削り終わって船首から全体を眺めてみると、左右が対称になっていないことに気づき、落胆した。

実は、二度の丸木舟づくりを体験してわかったことなのだが、丸木舟の形状は、その木の年輪の形と、繊維の素性に大きく左右される。左右対称に削っているつもりでも、削り終わると非対称になっているのだ。もしかしたら、一人の感覚では目の行き届く限界があるのかもしれない。

現代の船のように完璧な左右対称形にするには、型板をつくり、厳密に作業を進めなければ無理ではないだろうか。

旧石器人達が、どのような工夫をして、左右対称形の舟をつくったかは定かではないが、日頃から手作業で養った身体感覚の高さを考えれば、型板などなくても見事に左右対称に削り上げたかもしれない。

残念ながら今の私の実力では、この削りが精一杯のものであった。それでもなんとか舟らしき形となった。

これから先は、千葉県館山市にある、東京海洋大学の臨海実習施設の浜をお借りして、実際に試乗しながら調整し、仕上げることとなった。

丸木舟発進!

二〇一八年九月、いよいよ海に丸木舟を浮かべる段階となった。

この時私は自信満々で、たぶん舟はうまく浮かび、さほどの手直しもなく完成するだろうと思っていた。

ここまでの作業は、研究者とつくり手だけの議論の中で進めてきたが、今回の館山合宿から「使い手」である漕ぎ手達も参加し、より実践的な中で議論し合い、最終調整を行う。

ここでも旧石器人を引き合いに出して考えてみると、彼らもこのような専門家協議を行いながら製作したのではないだろうか。経験と知識豊富な長老達と、卓越した技術者達、そして海や舟のことを知り尽くしたベテランの漕ぎ手達が寄り集まって、議論を繰り広げただろう。

そうでなければ、高性能な丸木舟はつくれない。たとえつくれたとしても、その舟の能力と調和の取れた漕ぎ手達でなければ、丸木舟と一心同体になれないし、そもそも世界最大級の黒潮を越える大航海は達成できないだろう。

丸木舟づくりは、一つの小さな集団では成し遂げられないと言った理由は、小さな集団内では構成することが難しいと推測したからだ。

今回のプロジェクトは、総勢六〇名もの研究者、つくり手、漕ぎ手、そして運営チームが協力する一大イベントだ。その構成員は日本全国にとどまらず、広範囲の国外地域の人達からなる。

世界人口が数百万人程度と言われている旧石器時代に、このような一大イベントを行うには、相当な数の集団と日頃から交流がないとできないことを、今回の実験は裏付けていると思うが、皆さんは、どのように想像されるだろうか。

教科書に書かれていないことを学ぶこととは、このような体験に基づく想像力を養うといえるのではないだろうか。

「早く舟を海に浮かべた話が聞きたい」との皆さんの「声なき声」を感じたので、その話に移ろう。

しかしその前に重要な「進水式」を行ってからでなければ、舟を浮かべることは許されない。

現代の私達が、自然への感謝の気持ちを忘れていないように、旧石器人達も厳かに進水式を行ったであろう。

私は自己流であるが、心を込めて祈願した。

「山の神、丸木舟をありがとう。海の神、スギメ（杉の女神）の航海を守りたまえ」

ところが、進水式が終わると同時に海が荒れだした。しかし、みんなの心は海へ向かって一つになっていた。原ちゃん（漕ぎ手チームのキャプテン）の「みんな、行くぞ！」の掛け声と共に、押し寄せる波をよそに、みんなでスギメを海へと押し入れる。

舟は見事に浮いた。よくよく考えれば鉄の舟ではないので沈むわけがないのだ。

ここから先の状態いかんで、今までの成果が問われる。

五人のクルー達は高波の中、見事に舟に乗り込んだ。そして前へと漕ぎだした。

「おー」と、みんなの歓声が上がったが、とても沖に出られる波の状態ではなかった。入り江を一周して、乗船テストは終了した。

その状況は、波に揺らされる前にゆらゆらして、クルー達を右へ左へと揺さぶり、今にも転覆しそうな走行であった。クルー達も、転覆しないように必死にバランスを取り続けていて、とても安心して見ていられる状態ではなかった。

夕暮れも近づいたので、翌日みんなで協議して改善策を考えることにした。その晩は、初めて出会ったクルー達と心を通わせ合った。

夜が明けてからのみんなの意見は、「喫水線《きっすい》（舟の側面と水面が接する線）から上の舟体の重量がありすぎるので、喫水から上の部分を軽くすれば、舟が安定してくるのではないか」というものだった。

舟べりの厚さは九センチほどあったので、三センチほど削り込んだ。さらに「内部が深く、漕ぐ時に腕が舟べりに当たりそうになる」との声もあり、舟べりを五センチ下げた。

このように少しずつ改善して舟の様子を見ていくことになり、ひとまずこの段階でクルー達が乗ってみることになった。

初日と違い穏やかな海となり、テスト日和となった。舟は昨日より、少し軽くなった気がしたが、浜の斜面を一〇人ほどで押さなければ、海まで押し入れることができなかった。

走行中の舟は、船尾から見て左の舟べりが上がり、右側に傾いている。百聞は一見にしかず。私も生まれて初めて丸木舟に乗ってみた。見ているだけでは絶対に感じ取れない「舟の動き」が直接、私の身体に伝わってきた。左側に重心を思いっ切り寄せても、一向に左に傾こうとしてくれない。「動かざること山のごとし」とはこのことであった。

舟という感じではなく、大きな丸太ん棒に乗せられているようで、自分達の意思が伝わらない「頑固者の舟」だ。

いったい、この問題をクリアするにはどうしたらいいのか。即答できる者は誰一人としていなかった。それは決して虚しいことではなかった。むしろ、みんなの知恵を出し合い、協力して問題を解決しようとするチームワークが生まれた。「頑固者の舟」になる理由は、やはり全体的に厚さがある舟全体の重さによるのではないかという見解に至った。

実は荒削り段階で、縄文の舟はとても薄くつくられている話を聞いていた。だが、外洋航海用の舟なのに、そんなに薄くして大丈夫なのかとの思いから、半信半疑に聞いていたこともあり、舟全体をかなり厚めにつくり上げていたのだ。

一三〇年で目通り一メートルにも成長したことで年輪の幅（夏目部分）が広く、強度的に不安な部分があったためでもあった。しかし、前に進むには削るしか道はない。

この調整作業では効率のよい楔を使えない。すべて石斧でコツコツと削り込む、時間のかかる仕事だ。

一週間の合宿もあっという間に終わってしまった。一ヶ月後の合宿でスリムになったスギメに乗ることを楽しみに、それぞれの家路へと向かった。

そうこうしている間に、一〇月の館山合宿がやって来た。削り込んだスギメは、「頑固者の舟」から「しなやかな舟」へと変身していた。クルー達の漕ぎ方も安定し始めた感じを受けた。

しかしまだ右への傾きがあり、左右バランスが悪い。右舷の材質が重くて左舷が浮くのか、それとも左舷に浮力がありすぎて浮いてしまうのか。判断するのは難しかったが、右舷より左舷が厚かったので、左舷側を削ることにした。

今度は、舟だけを浮かべてテストしてみた。ありがたいことに傾きが小さくなったので、さらにもう一度削り浮かべたら、左右の舟べりはほとんど水平になった。しかし舟べりに両足を載せて立ち上がり、左右に体重を移動させて、舷側の浮力を試してみると、やはり左舷側の浮力が強いのである。

左右の浮力（復元力）を同じにしたかったが、原因は材質の違いにあり、これ以上の修正は必要ないという結論で、その場は収まった。「漕ぎ手が舟の癖に合わせて漕ぐ」。漕ぎ手チームの監督である内田さんの意見に、みんなが納得した。これから先、クルー達がスギメに慣れることを優先して、沖合での走行練習をすることにした。

今までスギメはたびたび転覆しそうにはなっていたが、なんとか免れていた。しかし沖合に出てから数十分後、スギメは初めて転覆した。ところがクルー達は見事に舟を起こし、海水を汲み出し再乗艇した。ここが丸木舟の真骨頂であるが、さらにまた安定性のある舟を求めて、舟底の形や厚みを検討して削り込む、試行錯誤が始まった。

素人考えでは、舟底が厚い方が重心が下にあって安定するように思うが、逆に浮力がありすぎて逆効果となるのかもしれない。この時点での舟底の厚みは、平均一二センチほどあっただろう。ちなみに縄文の舟の底の厚みはこの半分ほどである。

安定性を出す舟底の形として平面にすることも考えられたが、縄文の舟の大半が丸い舟底なので、すべて平らな舟底はどうかという意見もあった。中心部分を二〇センチほどの幅でほんのりと丸みのある平面にしてみる。

この時、舟底にチャイン（舟底と舷側との接点の出っ張った部分）ができるのだが、なんとこのチャインが舟の安定性を生み出すことがわかった。

この原理を応用して左舷側のチャインの出っ張りをひと削りして丸みを帯びさせ、チャインのききを低減したところ、なんと左右バランスがさらによくなったのだ。

わずか二〜三ミリのチャインの削りで舟の性能が一変するということを体験し、恐ろしいほどに丸木舟は繊細なものだと、私はこの時痛感した。

結局この作業で、舟底の厚みは六センチほどになった。スギメはどんどん安定性を増した。丸底は、平底のような安定性はないが、その分、水の抵抗を小さくしてくれるのでスピードが出る。黒潮を越えるには、この性能が一番に求められるのだ。

スギメは削れば削るほど、ひと皮むけた舟になっていった。私は夢中になって作業した。一週間が一日であるかのように感じられた合宿であった。

この合宿の最大の成果は、館山から伊豆大島の方向を目指したテスト遠征で、黒潮に流されながらも、大島の方に向かって進めたことである。

予定では今回の合宿で完了するはずであったが、まだやるべきことが山のように残っている。急遽《きゅうきょ》、一二月に館山で第三回目の合宿をすることになった。

この合宿では、私が独自につくった丸木舟の試乗も行った。スギメの半分ほどの大きさであるが、船首・船尾はかなり尖った山型で、舟底は一見平底に見えるぐらいの楕円形。スギメとはかなり違うタイプなので、今後の参考になればと思ったからだ。

試乗を終えたクルー達からは、「とても操作性のいい舵《かじ》のきく舟であり、スピードも出る。すごく楽しい舟だった」という感想をもらえた。

「丸木舟のつくり方」といった本があるわけもなく、自分の頭の中だけでイメージしてつくった舟なので、欠点だらけになっても不思議ではなかったが、上乗の出来栄えに驚いた。

スギメの船首・船尾は、ここまでの削りで丸みを帯びた山型となった。波を押し切りながら進む、舵のききのよい舟であった。

しかし、縄文の舟の船首・船尾が丸い形をしているのには、何か理由があるのだろう。みんなで考えてみる。その結果、波と舟が同調して、浸水を防ぐ効果があるのではないかという結論になり、この山型を丸型に削ることになった。一度削ってしまったものを元に戻すことはできないので、重大な局面となる。

結果的に、舵がききにくくなり、さほど浸水を防ぐ効果もなかったので、四回目の合宿で少し尖らせた山型に戻した。

三度目の合宿にして、スギメはかなりの減量（私の推測であるが、約一〇〇キロ減）に成功した。同時に浮力も増したので、バラスト（小石や砂袋などの重石）を一四〇キロほど乗せなければならない。このバラストは一見、舟のスピードを抑えてしまうようだが、浮力とのバランスを取り、舟を安定させる重要な役割を果たしている。

座席には、製材された板を使っていたが、長時間の漕ぎに耐えられるよう、杉の柔らかい白身の部分を使い、各自のお尻の形に掘り込み安定させた。

シートの位置は漕ぎ手によって高さと前後が違ってくるので、この後の台湾合宿で最終調整することにした。

三度目の合宿で、クルー達の漕ぎはさらに安定し、息の合った美しさを見せていた。しかし私には、全体のその姿の中に違和感をおぼえるものがあった。

それは、クルー達が手にしている「櫂《かい》」で、草束舟や竹筏舟の時から使用しており、機械道具を使って製作されたものだったのだ。

クルー達も以前から、櫂のことで悩んでいたが、「まさか石斧で櫂がつくれるわけがない」と思い込んでいたのだ。

「せっかく丸木舟を石斧でつくったのだから櫂も石斧でつくりたい」と思った私は、ついに最終日、みんなに相談した。

「今回、自作の丸木舟と共に、石斧でつくった杉の木の櫂の評判がよかったので、

試作品として石斧で何本もつくった櫂《かい》

これと同じ形の櫂にしてみたらどうだろう」

協議の末、石斧でつくった櫂を使うことになった。次回の館山合宿までに六本の櫂をつくることに決まった。

喜びも束の間、もしこの櫂が航海中に折れたら、クルー達の命は危険にさらされる。事の重大さに今さらながら気づいた私は身震いしたが、それだけに気合いが入った。

六本の櫂のうち、五本は樹齢一五〇〇年の杉の木で、残る一本の舵櫂は強度のある檜でつくることにした。

この檜は、私が一〇年ほど前に購入しておいたもので、地元山梨の山で自然に育った樹齢三〇〇〇年の天然檜であった。

　ここまで良材にこだわる理由は、なんといっても櫂の構造にある。櫂は全長一七〇センチほどで、直径三センチの丸い柄の部分と水かきから成る。水かき部分は、長さ七〇センチで細長い木の葉状だ。柄の付け根からだんだんと広がり中央部で幅九センチとなり、それから先は逆に狭くなり、先端は丸く尖らせた形状となる。水かきの厚みは、付け根から先端に向けて薄くなり、中央に「峰」と呼ばれる水かきの骨となる稜線《りょうせん》があるのだ。この部分の厚みは、付け根で約二三ミリ、中央部で一八ミリ、先端で八ミリほどとなる。水かきの両端は、三ミリほどに薄く削り上げてある、とても繊細なものなのだ。

　何十時間も漕ぎ続ける櫂には軽さが要求されてくるが、それを追い求めると強度が減ってくる。そこを補えるのが「木の性質のよしあし」なのだ。

　つくる時も木の繊維に沿って削ってゆくので、一本一本微妙に違う形となる。私はたくさんの櫂の中から自分に合ったものを選んでもらえるように、杉の櫂を八本と、檜の櫂を四本つくり、館山最終合宿に挑んだ。

　クルー達は自分に合った櫂を選び、さらに私は長さと水かきの幅を各自に合わせ

台湾合宿にて、漕ぎ手のみんなの集合写真（国立科学博物館提供）

たサイズに微調整した。

冷たい北風と雨の降る中の合宿となったが、スギメの船首・船尾に多少の稜線を削り出し、舵のきく舟に再び戻すことができたので、安心していた。

もうこれ以上丸木舟を削ることはないだろうと思っていたが、最後に節のある船首・船尾の内側を削り込み、内部スペースを広くして、五人のクルー達が、ゆったりと座れる広さを確保した。

館山合宿を振り返ってみると、まさかここまで舟を削るとは想像していなかった。最終的にもうこれ以上は削れないギリギリのところまで削ったら、一番いい舟になったのだ。

火で舟を焦がす様子（写真は別の舟）

その後、スギメは台湾に運ばれ、いよいよ二〇一九年五月下旬から、一〇日間の台湾合宿が始まった。

台湾の海にスギメを浮かべる前に、地元のアミ族の長老達が、進水式を行って下さった。ここでもまた、山の神や海の神への感謝と航海の無事成功を祈願したのだ。

私達人間は、たとえ暮らしている地域が違っていても、一つしかない母なる地球に感謝の意を表すことは共通している。

現代人がつくった三万年前の舟

台湾での作業は、まず舟を焦がすことから始まった。「なぜ」と思われるだろう。

建築の世界でも、杉の板を焦がして外壁材としたり、掘立て柱を立てる時などは、土に埋める部分を焦がすのだ。表面を炭化させて腐りにくくすることが目的だ。舟の場合でも、耐久性を高めることはもちろん、舟のスピードを上げることができる。石斧の加工跡はザラザラしているので水の抵抗を受けやすい。推進力を強めるため、表面をできるだけツルツルにして水との摩擦を減らす。

表面を焦がすと、凹凸部分が焦げ、柔らかくなる。浜に落ちているカキの殻やサンゴなどで擦れば、簡単に表面を平滑《へいかつ》にできるのだ。

内側は、炭を中に入れてグァバの葉で扇ぎながら焦がしたので、まんべんなくできたが、外側は下から火であぶったので、ところどころ焼きむらになってしまった。いま思えば、外側も炭を使えばうまくいったのにと後悔している。

焦がしが終わり、みんなでゴリゴリと擦り上げる作業では、心が一つになると同時に、スギメとも一つになれたと感じた。スギメはみんなの気持ちの入った擦りで黒光りしたスベスベの舟に変身し、見るからにスピードの出そうな舟になったのだ。

次は、座席の位置の調整を再度行い、舷側に「鉄ねじ」で固定した。「えー、三万年前に鉄なんてあったのー」と突っ込まれてしまったが、実は「木や竹を尖らせたものを釘のようにして打ち込めば、しっかりと固定できる」のだ。しかし、沖での練習を終えてスギメを引っ張ってくる時、ものすごい水圧を受け続け、座席が外れる可能性があると感じ、やむをえず鉄ねじを使用した。

あとは波よけカバーを付ければ完成なのだが、一度この状態で沖での練習をしてみることになった。

沖に出るにしたがい、波がどんどん高くなって危険な状態であったが、波がどのように入り込んでくるのかを見るには、ちょうどよかった。

ある程度は、波に乗りながら走行できていたスギメも、最後は浸水のため転覆してしまったのだ。

この結果から、波よけカバーを前後に取り付けることが必要だとよくわかった。旧石器人達も、危険な思いをして波よけカバーを生み出したのだろう。

私達は、衣・食・住の中で必要なものがあって当たり前と思って暮らしているが、このような先人達の命懸けの体験がもとにあって生み出されていることを忘れては

船首、船尾には「波よけカバー」を装着（国立科学博物館提供）

ならない。

さて、どうやってあの荒波に耐えて浸水を防ぐ、丈夫なカバーをつくるかだ。時は三万年前である。周りには文明の利器や既製品は何一つない。あるものは、石の道具と自然の素材だけだ。

私達は必死に考えた。「三人寄れば文殊の知恵」とはよく言ったもので、いろいろなアイディアが湧いてきた。

船首・船尾の舟べりに数十本の竹クギを打ち込み、割り竹の骨組みを縄で縛り付け、その上に割り竹を格子状に組んだ下地材を取り付ける。さらにその上にグァバの葉を三重に覆い被せ、左右の舟べりの竹クギに縄を掛け、渡しながらグァバの葉を押さえ込み、固定した。

早速この波よけカバーの性能を試してみる。自画自賛だが、文句のつけようのない立派な波よけカバーとなったのだ。

しかし、また問題が発生した。前後の波は防ぐことができたが、左右の舷側に時折打ち寄せる高波が浸入してしまうのだ。

ここでまた、「文殊の知恵」なのだが、波よけカバーの時に集めた竹が、足元に四、五本残っていた。これを舟べりから一〇センチほど下がった所に竹クギで打ち込んで固定する。直径が四センチで、長さ五メートルほどの丸竹の波返しを装着した。一見してあまり役に立たない感じはしたが、実際テストしてみると、十分な効果があったのだ。

二年前の夏、能登の森で出会ったご神木の杉の巨木が、今こうして私達のご先祖がいた台湾台東県《たいとうけん》の烏石鼻《うしび》の浜に、三万年前の丸木舟として蘇り鎮座しているのだ。

スギメは、私達の心の奥底にある記憶を呼び覚まし、先祖の暮らしの証を紐解《ひもと》きながらの丸木舟づくりで、「旧石器時代の人々の暮らし」を伝えてくれたのだった。

私は、スギメを通じて旧石器人達と出会えたことを、偶然ではなく必然だと思っている。ものづくりとは、そういうものなのだ。

その中で私が彼らに魅了されるのは、「国家という統治システム」よりすぐれた「集団を統制するシステム」を確立していたと感じるところだ。

なぜなら、世界的に互いの集団が仲よく協力してゆく文化的な暮らしが成立していなければ、知識と技術の一杯詰まった航海用の丸木舟をつくることなど、できるわけがないからだ。

私は、無言で鎮座するスギメから、そう感じたのだ。

そしてもう一つ、スギメはこう言っていた。

「クルー達を無事、与那国島へ運ぶ」と。

龍になった「丸木舟」

私は二〇一九年七月五日、スギメを迎え入れるため与那国島に降り立った。「明日出航する」との連絡があったからだ。しかし天候が急変し、出航は見送られた。

本番がいつ行われるかドキドキしながら山梨で大工仕事をしていたが、心の中では「七夕の日に挑戦するだろう」と思っていた。なんとその予測が的中したのだ。

七月七日、日本時間一四時三八分（現地時間一三時三八分）、スギメは烏石鼻《うしび》の浜を出航した。これから先、何が起こるかわからない「未知の航海」に、クルー達は覚悟を決めて挑戦したのだ。その勇気と決意を思うと、「なぜ航海するのか」と問うよりも、その志に「ガンバレ！」と心の底から声援したくなる。その思いを胸に空港へ向かい、与那国島へと飛んだ。

丸木舟をつくっている時、私は常に心の中で、私の精一杯の舟づくりをすることがクルー達の力になると思い、航海の無事を石斧に込め、祈るように削り続けてきた。出航の知らせを聞いた時も、彼らなら絶対、与那国島に来てくれるという信頼感を胸に抱いた。

ところが、到着予定のナーマ浜の頭上にある西崎《いりざき》展望台に入ってみて呆然とした。断崖絶壁の下には、巨大な海流のつくり出した渦巻く海が広がっていたのだ。

この巨大なパワーのある黒潮を乗り越えられるのかと不安になってしまったが、

今の私にできることは、台湾の方に向かって最高の天気になることを祈るだけだった。

クルー達は、現代のコンパスやGPSなどは使用しない。「陸・太陽・月・星・風・波・雲・鳥」といった、自然界のありとあらゆるものから情報を読み取って針路を決める「古代航海術」を使う。天気がよいことが一番の味方になってくれるのだ。ところが自然は、我々人間が思うようにはなってくれない。すぐに最初の試練がやって来た。出航して約一時間三〇分。黒潮圏に突入した頃、風が強まり、白波が立ち始め、荒れ模様の天気となったのだ。

この最悪な状態の黒潮を乗り越えるには、パワー全開の漕ぎが必要だ。なんと彼らは、約六時間に及ぶ危機的状況を漕ぎ切った。しかし、まだ黒潮本流にいる状態に変わりはない。初日の夜を迎えたが、わずかに見える七夕の星空を頼りに、徹夜で黒潮と向き合ったのだ。

八日の朝、雲が晴れ、太陽が昇り、凪《なぎ》の海となった。黒潮本流を越えたのだ。

しかし次なる試練が、またやって来る。全力での徹夜の漕ぎで疲労している彼らに、容赦なく照りつける真夏の太陽、そして眠気。彼らは交替で休みながら漕いだが、昼頃全員が休息に入った。

その後、クルー達は突発的な睡魔や、さまざまな体調の変化に見舞われたが、仲間達の励ましの言葉を力に、厳しい時間帯を耐え続けていた。

二日目の夜は厚い雲が立ち込め、古代航海術も使えない不安な夜となったが、彼らは、なんと全員休憩に入った。こういう時ほど、落ち着いた行動が幸運をもたらすのだ。

しかし原キャプテンは、いつ何が起きても対処できる状態での休憩であったという。深い眠りについたクルー達を、キャプテンと満天の星が見守る夜であった。

実はこの時、与那国島まであと六〇キロほどの所まで来ていた。彼らは当然そのことは知らず、穏やかな入り江にいるような安心感の中で、スギメにやさしく包まれていた。真夜中のスギメは自動操縦の舟となり、なんと潮の流れで与那国島へ向かって進んでいたのだ。

九日の朝五時、クルー達は元気よく漕ぎだした。ベタ凪で風の穏やかな海と、朝焼けに染まる空の中、島の上に発生する雲をとらえていたのである。

私達は、必ず見えてくるだろうスギメを探しに西崎展望台へ向かった。

島の周りの漁船がすべてスギメに見えてしまい、その都度ドキドキ、ハラハラしていた。なかなか姿を現さなかったが、ついに波間に浮かんでは消える、小さな小さなスギメを発見したのだ。

私達は、島に近づくスギメとクルー達に声援を送るため展望台を後にし、舟が島に一番近づく場所へ移動した。

私達の到着と同時に、スギメは島から一キロほどの所まで来ていた。しかし、先ほどから一向に近づいてこない。何か起こったのかと心配になったが、それと同時に、ここまで漕いできたクルー達のことを思い、どっと涙が溢れてきた。

小さな丸木舟を懸命に漕ぐ彼らの姿が、しっかりと見えるようになった時のことだ。それまでカメのようにゆっくり進んでいたスギメが、私達の前をあっという間に通り過ぎていってしまった。

私達は急いでナーマ浜に戻り、到着の瞬間を待った。スギメは西崎の渦巻く海をものともせず、迎え入れるたくさんの人達の前に姿を現した。一一時四八分、無事到着したのである。

私は駆け寄り、「ありがとう、スギメ」と言って舟にキスをした。それからフラフラになっているクルー達に抱きついて、喜びを分かち合った。

四五時間、二二五キロの難関の航海を、一度も転覆せず達成した彼らの超人的技術と精神力は、いったいどこから生まれてくるのだろうか。本来、人間が持っている力なのだろうか。

実は私は、人間だけの力では達成できなかったのではないかと思っている。以前は、スギメの航海を邪魔する風・波・黒潮などは「すべて敵だ」と思っていた。ところがこの航海では、それらのものの作用によって力が生み出され、与那島へと導かれたのだった。

この大航海を通して、この地球上に敵なるものなど何一つ存在しない、すべてのものは、この無限の宇宙という一つの〝わ〟の中にあると感じた。

スギメが島に近づいたあの時、なぜ急にスピードが上がったのか。その夜の乾杯の後、原キャプテンの話でわかった。

「あの時、島に近づくにしたがい、複雑に入り組む潮の流れに翻弄され、この航海の中で一番のピンチを迎えていた。なんとか乗り切らねばと全員が最後の力を振りしぼり、潮の境目に進むべき道を見出した時、スギメちゃんが龍になったかのように、スイスイッとその潮目を進んでくれたんだ。まるで龍の背中に乗っているようだったよ」と語ってくれたのだ。

旧石器人達も、きっと龍を見たに違いない。世界の人々の龍への愛着は、人類初の大航海を成し遂げた旧石器人達を起源とするものであるかもしれない、と私は感じた。

私達にとって龍という存在は、もしかしたら地球という母なる舟なのかもしれない。今、世界中の人々に、この母なる舟をどのように漕ぐかが問われている。自動操縦の舟に乗っているだけでは、龍には変身してくれないのだ。

今こそ、世界中のみんなの心を一つにして、一人ひとりが自分の櫂をしっかりと漕ぐ時だ。あの時の正念場のように……。

第四章
縄文暮らしから生まれた哲学

写真：縄文大工の作業場

「三畳の小屋」暮らし

この章では、現在私が取り入れている「縄文暮らし」の中で考えたことを話したい。

真脇縄文小屋設計のために、二〇一五年から定期的に始めた小屋暮らしも、二〇一七年から本格的定住生活となり、今年で四年目を迎えた。

縄文暮らしを始めた理由は、「人間本来の能力を失いたくない」と思ったからだ。現代生活では、スイッチ一つであらゆることを機械が手助けしてくれる。人間本来の能力を使わなくても用が足りてしまうのだ。

生物の能力のうち、必要のないものは退化する。人間も生物なので、長い期間能力を使わなければ減退してしまうのだ。機械からの自立が必要なのだが、現代の住まいの中で生活していては、らちが明かない。私は同じ敷地の中で家族と別居し、縄文スタイルの小屋への移住を決断した。とはいっても、すべてを縄文スタイルにすることはできていないが、自分のできる限りのことを取り入れて実践している。

台所作業場（手前）と、極力電力を使わない生活をするための小屋

小屋の内部。中央にあるのは薪ストーブ。２ヶ月使ったが、やっぱり囲炉裏の方がよいことがわかった

板葺きの屋根と土壁。夏涼しく、冬暖かい快適な小屋

私が建てた三畳の小屋の間取りは、とてもシンプルなものだ。間口二一〇センチ、奥行き二四〇センチ、床面積は約三畳である。この小さな母屋にさらに小さな下屋が、二畳分のゲストルームとして取り付けてある。床は地面から一五センチほど盛り土した土間になっている。

中央には囲炉裏があり、入口正面の向かって右側がベッドルーム、左側が居間・食堂・台所を兼ねた(LDK)空間だ。さらに背面中央に書斎を設けてある。

天井の高さは、一八八センチある。天井中央を炉の大きさと同じ寸法に切り抜き、さらに切妻屋根中央もその大きさで切り抜き、屋根を突き上げて煙の抜けをよくする工夫をしている。

壁は土壁で、天井は杉板の根太天井、屋根は杉板を釘で打ちつけた板屋根である。正面と背面の出入口は、一本引きの引き戸となっている。唯一の窓は、二〇センチ四方の下地窓（竹下地が露出している窓）が東側の上部にある。

だいたいこんな所で丸三年暮らしているが、何不自由ない。しいて言うならば、資本主義社会に必要な紙切れに不自由していることぐらいである。

来客の反応は千差万別である。「かわいい小屋ですね」と言う人もいれば、「哀れな乞食《こじき》の小屋だね」なんてストレートに言ってくれる人もいる。

やはり、この小屋に一番興味を示すのは子供達である。中には童心を失っていない大人達もいるが、どんな意見があろうが、これが私の救いであり、希望の光なのだ。

先日、九歳の男の子がひと晩我が家に泊まった。彼は囲炉裏の火を見つめながらこう言ったのだ。「火を見ているとなんだか落ち着く、僕はこういうのが好きなんだ」と。気をよくした私は彼と真剣に「原始人達の暮らし方」を語り合った。

その晩のディナーは、囲炉裏に入れた平べったい石の上で焼き肉をした。食後の夜なべ仕事は、弓をつくるために必要な弓づる用に、カラムシの繊維を使って縄ないしたのだ。彼にとって初めての縄ないであったのだが、翌日彼のつくった弓矢は、見事に的に当たった。きっと原始時代の子供達も彼と同じように、夢中になって弓矢をつくったのだろう。大昔も今も、子供達の姿は変わらないものだとホッとした。

彼との語らい、食事、夜なべ仕事は、小さな炉端の一瞬の出来事であったが、私の心に強く焼き付く思い出となった。囲炉裏の力に違いない。

囲炉裏レシピ

住まいの中で火が燃えている光景を、今の若者は想像できるだろうか。せいぜい昔話の世界の中だけの、仮想のものであろう。

しかし囲炉裏は、つい最近まで住まいの中心にあり、暮らしを支えてきた重要なものだったのだ。

特に食でいえば、火を通すことによって、まるで魔法をかけたかのように味覚や食感が変化する。ガスや電気で調理した場合でも美味しくなるが、囲炉裏の火に優

土器で煮炊きをしている。焚き火の灰で食器を洗い、歯も磨く

るものはないだろう。

ここで皆さんに、囲炉裏レシピを紹介しよう。囲炉裏がなければ、野外の焚き火でも、火床に灰が一五センチほどあればできる。ただし、野外での焚き火が禁止されている所もあるので注意したい。

調理の仕方には、焼く・蒸す・煮るなどがあるが、私がよく使うのは、灰の中に埋めて熱を通す調理方法だ。

食材は、ドングリ（マテバシイ）、栗、銀杏、カボチャ、ジャガイモ、サツマイモ、里芋、にんにくなどだ。埋めておく時間は、食材の種類や大きさ、灰の温度や、埋める深さなどによってすべて違うので、経験の

拾って蒸し焼きにするドングリ

積み重ねが必要となる。一度上手に焼き上がったものを食べれば、病み付きになるほど旨い。

ポイントは、表面の皮を焦がさないことだ。灰の中にあり、見えないだけに一番難しいところだが、細長い竹串で突きながら判断するのも、一つの方法である。同じ食材でも、焼き加減で味が違うので、自分の好みに合った焼き具合を見つけ出すのも料理の楽しみの一つだろう。

「炉ばた焼き」といえば、「串焼き」に尽きる。炭火でじっくりと焼けるので、素材の旨みを十二分に引き出してくれる。準備するものは竹串と食材、それと時間に余裕があればオッケーだ。野菜に肉類、魚貝類とオールマイティーなのだ。

川魚の串焼き。これこそ自然のご馳走

ここで一つ、常識を覆す調理法を紹介したい。川魚の串焼きだ。従来のやり方では、まず腸を取り出し、生臭いぬめぬめした体液をよく洗い流し、塩をまんべんなくまぶして焼く。私はその逆をやってみた。火が通りやすいように腹は裂くのだが、腸は出さず、洗わず、塩をまぶさずに焼いてみたのだ。

ひと口食べて、目が点になった。「魚本来のままが、こんなに美味しかったのか！」と。ただし、九〇分以上時間をかけて、焦がさずゆっくり焼くのがポイントである。

今まで捨てていた腸が美味しいこと

にも気づいた。ただし、魚が小石や木の葉、釣り針などを呑み込んでいることがあるので、調理の際には注意しなければならない。

以上の調理方法では、鍋などの調理用具も使用せず、塩やしょう油、味噌などの調味料がなくても、十分素材の味で満足できる。とても経済的で健康的な調理法だ。

私は毎日、囲炉裏から一期一会の味をプレゼントしてもらいながら食べられることに感謝し、食を楽しんでいる。

囲炉裏の火が語りかけてくるもの

火は、すべてを灰にしてしまう恐ろしい存在だが、用心して使用すれば暮らしを豊かにしてくれるありがたいものだ。

だが人類は、最初から火を使っていたわけではない。人類の火の使用は、一五〇万年前頃からと考えられている。他の生き物がしない人類特有の暮らし方だが、囲炉裏の火は今、現代社会から消えようとしている。

人口が少なかった時、薪となる流木や倒木、枯れ枝などは、自然の循環の中で賄えていただろうが、今はそうはいかない。

甲府盆地の冬季、辺り一面に煙が立ち上り、霞がかったようになることがある。農家が、ぶどうや桃などの剪定《せんてい》した枝を一斉に燃やすからだ。ほんのひと握りの人達が燃やしただけでこの状態になるのだから、甲府盆地に暮らす何十万人かの人達が薪を使う生活をしたら、一寸先も見えないほどの煙に包まれるだろう。

こうなった時、人は初めて気づき、考え、行動する。火の使用の重大さを感じ、回数を減らして生活することを。例えば、入浴を二日に一回とすることや、食器をお湯でなく水で洗い、節約を始めるなどだ。

しかし、煙の出ないガスが主流の現代では、変化に気づくこと自体、難しい。だが、薪や化石燃料が無限にはないことを忘れずにエコ生活を実践しなければ、本当に一寸先は闇の自然環境になってしまう。

この提言は、私自身にも言い聞かせている。薪に不自由しない環境にいる私は、目の前に山のように積み上げられた四～五年分の薪を見ると、「薪はいくらでもあるものだ」と思い込み、節約することを忘れてしまう。

打ち割ってつくった黒曜石のナイフ

そんな私に、囲炉裏の火が問いかけてくる。「人類は本来、火を使わなくても暮らせるだろうが、あえて火を使うのならば、その理由を自覚することが、火を使う動物としての責任ではないだろうか」と。

私はいまだはっきりと返答できてはいない。

黒曜石の切れ味

石斧で丸木舟をつくった話をすると、「ああ、黒い色の石でつくったの？　すごいねえ」なんて言う方が結構いる。黒曜石のことを石斧だと勘違いしているのだ。

黒曜石が石斧には不向きなことを説明しよう。

黒曜石は、火山によって生み出された天然のガラスで、打ち割ると鋭く剝がれる。とてもよく切れるナイフとして使われるが、ガラスと同じように割れやすい。木を伐採す

皮を剝いだ狸

る時に強い衝撃を受ける石斧には使えないのだ。

皆さん納得してくれるのだが、このように説明している私は以前、黒曜石は本当に切れ味が鋭い石なのか、と半信半疑だった。

そんな折に、車に轢《ひ》かれて死んでいる狸に出会ったのだ。外傷のない状態だった。黒曜石のナイフで解体するには好都合だと思った私は、狸を拾い上げ、自宅に持ち帰ることにした。

ところが、ナイフを手に取って「いざ解体」となると尻込みしてしまう。その晩、解体するかしないかを悩み明かした。

男でありながら、いや人間でありながら、

動物を解体できないでいる自分が、とても弱々しく感じられ、勇気のなさに情けなくなった。

命をいただくには、乗り越えなければならない罪悪感がある。しかし、食べる行為自体が「あなたの命をいただきます」ということなのだ。私は、すべての生物の宿命として受け止め、狸に手を合わせナイフを入れた。

すると、狸の喉元が一瞬にして開いたのだ。まるで自分の指先がメスになっただかのような感触であった。それもそのはず、黒曜石の大きさは、なんと空豆ほどなのだ。親指、人差し指、中指でつまんで使用すると刃先が隠れてしまい、まるで人差し指で切っているように見える。しかも、レーザーメスのように指先に何の抵抗もなく切れるので、ナイフをつまんでいる感覚がなくなるほどだ。私は、その切れ味に、神の力を秘めた石だと感じた。

結局その空豆ほどの一つの欠片《かけら》で、狸一匹を見事に解体できた。これだけ素晴らしい切れ味の黒曜石であるが、私はさらにその能力を鹿や猪《いのしし》で試してみたいと思った。

鹿皮でつくった羽織

すると不思議なことに、私の前に、立て続けに鹿と猪が現れたのである。二頭とも外傷なく車に轢かれたものだった。嘘のような話だが本当なのだ。

試した結果は、鹿は欠片二つ、猪では三つで解体することができた。切れ味を求めなければ、一つの欠片だけでも解体できただろう。驚いたのは、猟師の間で鉄砲の弾《たま》を弾《はじ》いてしまうほど硬い鎧《よろい》を着ていると言われている猪の皮も、難なく解体できたことだ。

試しに鉄のナイフも使ってみたが、黒曜石の方が遥かに切れる。いくら念入りに研いで使っても、黒曜石の切れ味には及びもつかないのだ。

さらに不思議なことに、猪の脂肪は鉄の刃先にはすぐまとわりつき、切れ味を低下させるのだが、黒曜石の刃先にはほとんど付かないので切れ味を維持できる。

もっと不思議なことは、黒曜石の刃は、皮を切ってしまうことがほとんどないのだが、切れ味の鈍い鉄の刃の方は、皮を誤ってどんどん切ってしまうのだ。立派な毛皮の服をつくるには、黒曜石は打ってつけの道具であることがわかった。

こんなに切れる黒曜石の刃が、ただ打ち割るだけでできてしまうのだ。鉄のナイフでは、こんなに簡単に切れる刃はできない。まず腕の立つ鍛冶屋がいて、良質な砥石《といし》があって、研ぐ技術がなければ切れ味のいいものにはならない。さらに研ぎ上げた刃は、錆《さ》びる宿命にあるので、切れ味は日増しに劣っていく。つくるのにも、維持するのにも、大変な労力を払わなければならないのだ。

黒曜石の切れ味を体験して、改めて地球が生み出すものの力に畏敬の念を抱いた。

髭を剃らないエコ活動

私が縄文生活を実践する理由の一つは、原始人達が、現代のような文明の品々がなくても、シンプルな暮らしの中で力強く生き抜いてきた「生きる力」に憧れているからだ。

私はこの「生きる力」こそ人間の能力であり、生命そのものの姿であると確信している。

三畳の小屋暮らしでは、憧れの原始人を想像してできるだけその姿に迫り、実体験しながら暮らすことにした。

まずは、髪と髭《ひげ》を切らないことから始めてみた。すると原始人のような風貌に変身できた。鏡の中の自分を見ると、「これが本来あるべき人間の姿なんだ」と感じ入ってしまう。

しかし周りの現代人からは、「変わり者」と言われたり、「そんな無精髭《ぶしょうひげ》、みっともないから綺麗にしろ」なんてことをよく言われたりする。

私はその都度、「自分の体から自然に生えてくるものに、無駄なものや、汚らしいものなどあるのだろうか」と考えるので、納得できないでいる。

そもそも「原始人に髭を剃《そ》れ」なんて言っても無理な話なのだ。なぜなら私は以前、黒曜石で実験してみたが、長い髭を短く切ることはできても、生えてきたばかりの硬く〝超〟短い髭を剃ることはできなかったからだ。

今のようにツルツルに髭を剃ることができるようになったのは、世の中に鉄器類が登場して剃刀《かみそり》が発明されたことによるものだ。

私はひと昔前の薄く鋭い剃刀で髭を剃ったことがあるが、「命を懸けた真剣勝負」そのものであった。力の加減や刃のあて方を間違えれば、顔面が血だらけになってしまう。刃を研ぐ技術なども含めて、よほどの技量と経験がなければ使いこなせない代物である。

今では、科学技術の力によって目を閉じていても安全に剃れる剃刀が一般的だ。しかし、その剃刀は使い捨ての道具であることを考えて欲しい。

原始人に立ち返ることは、ただの先祖返りではなく、「髭を剃らないことでできるエコ活動であること」を知っていただきたいのだ。同時に、「なぜ髭を剃るのか」を真剣勝負の剃刀を使いながら考えていただきたい。ただし命の保証はできない。

「刃物を顔にあてがう」行為が本来、いかに非日常的な恐ろしさを持っているかを自覚していただきたい。

そこまでしてなお綺麗に髭を剃らなければならない「常識」とは、いったい何であろう。

住みかの本質は動物が知っている

「住みか」の本質は、当たり前のことだが、命を生み、育て、守ってくれる「内的環境」だ。しかし、「外的環境」である母なる地球にその要素がなければ、いくら内的環境を立派につくっても生命は成立しない。

ということは、「あなたの住みか」と「地球」は一心同体であるということだ。どちらの環境も、生命体にとって快適なものになるようにつくらないといけないことがわかるだろう。

また、「動物達の住みか」からは、その生命原理に適した住まいの形が一見してわかる。

例えば、みの虫君の住みかは、自分の体内から粘性のある糸を出して、木の葉や小枝をつなぎ合わせてつくられている。その場に落ちている素材を使うので、周りの植物と同化して外敵から身を守ってくれるし、素材の移動コストもゼロである。しかも、素材は自然の作用で適当な大きさになっているので、道具は必要ない。

さらに、袋状の一つの面が、屋根・壁・床の機能を担っていることや、木の葉が重なり合い空気層が形成されているので保温効果もある。気密性もバッチリなので、中はポカポカであろう。

その他、みの虫君の身になれれば、もっとよいところが伝えられるのだが、人間の私にはこれくらいの理解しかできなくて申し訳ない次第だ。シンプルでありながら、多様な機能が秘められているのが、みの虫君の住みかだ。

反対に、複雑な形を自らのお尻から糸を出してつくり、それ自体が食料獲得の機能を備えた「一石二鳥」の住みかは、蜘蛛君の芸術作品だ。

木を伐り倒す動物は、人間だけかと思いきや、自分の歯でカリカリとかじり倒して水上に木の枝を組み上げて、水上ハウスをつくってしまうすご技の持ち主は、ビーバー君。

くちばしだけで、植物の細い茎を織り込んでつくる鳥君の住まいも職人技だ。一年を通して快適温度の土の中は、食料備蓄庫にもなる、アリ君の住みかだ。住みかをつくるのは、陸上の動物だけではない。川の中や海の中にも、住みかをつくる水中生物や魚達がいるのだ。

エコハウスづくりの名人は貝である。自らの体の一部が住みかを形成している。まさに自給自足だ。

大型の動物達は、主に岩陰や草木の茂み、ほら穴や密林の中、巨樹の下など自然が生み出した空間を利用するだけなので、とてもエコ的な暮らし方だ。

動物達の住みかの紹介を終わらせるのはもったいないほど、面白く参考になる建築様式ばかりなのだが、後はご自身で身の回りの生物の住みかを見て研究して、ご自宅の住まいづくりに役立てていただきたい。

このようないろいろな生き物の住みかから、共通の要素をまとめてみる。

一つ目として、自然素材を利用していることだ。例えば動物の皮や骨、植物の葉っぱや茎、さらに小石や土などだ。

二つ目は、地球にもその生命自身にも悪影響を及ぼさない、自然環境にやさしいことだ。

三つ目は、自然がつくり出す素材の成長に必要な期間と、住みかの使用期間がバランスよく保たれている、自然環境共生システムがあることだ。

四つ目は、自身の暮らしを安心・安全に援助してくれる機能になっていることだ。

五つ目は、自然環境を巧みに利用したり、自然素材の持ち味を生かす、知識と技術によって生み出されていることだ。

六つ目は、自身の体を道具として使い、それ以外の道具を使用しない道具自給であることだ。

以上の六つが、生物の住みかの本質要素として考えられることだ。六つの項目を要約してみると、①自然素材の利用、②自然環境にやさしい、③環境共生システムの存在、④暮らしへの援助、⑤知識と技術の集積、⑥道具自給の住みかづくりだ。

この六つの要素を満たしてこそ、「生物の理想の住みか」となるのではないだろうか。何をもってして理想の住みかとするかは、一人ひとり違うだろうが、ここでは全生物が求める「住みかの本質」として「命を生み、育て、守る」ことができるのを理想としている。

「人間の住む『家』は、動物達の住む『巣』とは別物だろう」と思われたかもしれない。

確かに、「現代の家」と動物達の「巣」を見比べれば、その違いは一目瞭然だ。しかし、人類史の大半を占める家の形が、「生物の理想の住みか」であったことを想像していただきたいのだ。

いかに動物達の住みかが、知恵と工夫に溢れているか、おわかりいただけただろう。

〝縄文式健康法〟

「冷えは万病のもと」と昔から言われる。現代の本でも、「足元を冷やさないことが大切だ」とよく紹介されている。冷え性の方は、裸足などもってのほかであろう。

私も三畳暮らしを始める前は、足が冷えやすく、厚い靴下や下着を身につけていた。布団に入る時、足が氷のようになっていて、なかなか安眠できない体質であった。

そんな私が、三年前から裸足と半袖で暮らし始めたのである。

一年中温暖な土地柄ならいざ知らず、冬場は、マイナス五〜六度にも下がる甲府盆地である。自分でも「すぐ弱音をはいて普通の生活に戻るだろう」と思っていたが、三年もこの格好で暮らしているのだ。

さすがに外出する時や、危険なものがある場所ではサンダルを履くが、それ以外は裸足である。「なぜ三年間も続けてこられたのか」と聞かれれば、「この生活こそが元気に暮らせる秘訣だから」と答える。特に顕著に感じられる身体の変化は二つある。

一つ目は、「足の裏が一年中ポカポカなこと」である。

二つ目は、「視力の回復」である。三年ほど前から、新聞の字がよく見えなくなってきていたのが、今では新聞はおろか、国語辞典の小さな字もよく見えるようになったのだ。

なぜこのような現象が起きたのか、科学的に説明できないのが残念だが、裸足になったことで「人間本来の生きる力」を目覚めさせ、各細胞が活発に動きだしたことによるのかもしれない。

自分の身体を観察してみて、裸足効果は老化現象と言われる身体機能の低下を抑え、さらに若返り現象を引き起こしているように感じられるのだ。

一つ短所を挙げれば、足が真っ黒になること。床や畳などとは、縁遠くなる。まして布団なるものは使えない。しかし、このことが新たな発見をもたらしてくれた。

私のベッドは、真っ黒い足にも対応可能なように、土間の上に半割り丸太を六本並べてあるだけのものだ。表面は丸くボコボコしている。一見して「こんなベッドで安眠できるのか」と思われるだろう。その上で寝袋にくるまり、みの虫のように寝るのだが、これがまた「最高の寝心地」なのだ。

畳の上の布団こそ最高の寝床だと思い込んでいた私に、裸足からのプレゼントであった。

ギネス級の〝うんち〟

「どんなものを食べて暮らしているんですか」とよく聞かれる。

基本的に好き嫌いなく何でもいただくタイプであるが、三年前の原始人への変身を機に、それまで主食であった「米」を食べることを止めた。

森と共に何百万年も暮らしてきた原始人達へのリスペクトからだ。それと「米を食べなくても健康的に暮らせるか」、人体実験してみたかったのもある。

しかし現在の社会や自然環境では、原始時代のように、野山を自由に駆け巡り狩猟・採集して食べ物にありつける状態ではないので、現代版原始人の食料採取場所は、地元のスーパーマーケットや家庭菜園である。

とはいっても田舎のよさは、四季折々の山菜や木の実などの自然の恵みをいただけるところだ。自然の生み出した命あるものをいただくことこそ、生きることの原点ではないだろうか。

さて話を戻して、私は、健康のバロメーターとして、〝うんち〟を研究すること

熟《ず》し柿。甘くてとろみがある

熟し柿と干しニンジン。濃厚な甘み

大根干し。甘美である

縄文土器でもずくスープづくり

一度食べたら忘れられないくるみ。長期保存ができる優れもの

を思いついた。「なるべくしてなった」と言った方がいいのかもしれない。

三畳の小屋にはトイレがないのである。さらに囲いのある屋外トイレもないので、大便は室内に新聞紙を敷いて、その上で済ませるのだ。いやでも毎回バッチリと〝うんち〟を観察できる環境にある。

かくして私の「うんち研究」が始まった。

私が最初に試した一ヶ月間の献立は、木の実と野菜を中心にして、たまに鹿や猪の肉や果物をいただくものであった。

すると、一ヶ月のうちの平均的長さが一七センチ前後の小ぶりなサイズに変化したのだ。この研究ではサイズだけでなく、その内容も大切な注目点だ。

　小豆や大豆の大きさの粒状のものがほとんどで、食べた物の栄養をしっかり吸収した残りかすといった感じである。さらに驚かされたことは、木の実の力である。くるみをひと握り食べただけで、半日分の大工仕事のエネルギー源になった。

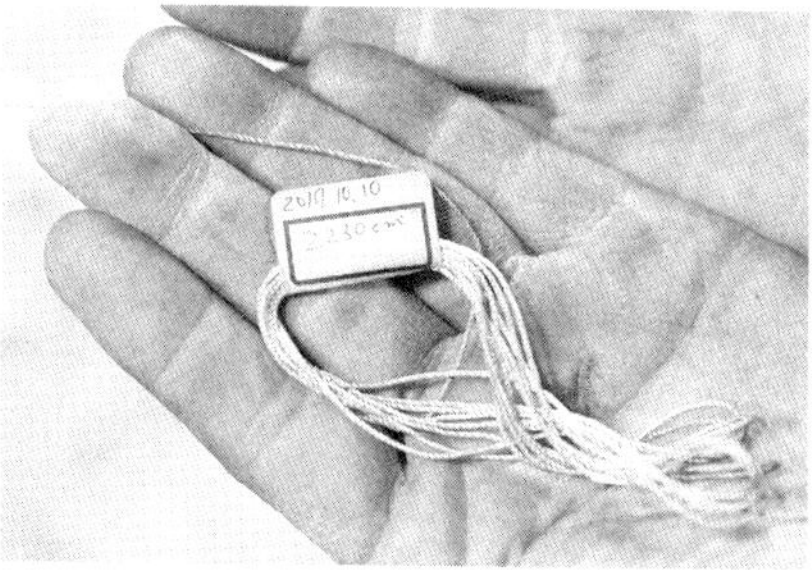

2メートル23センチのうんちの長さを測った糸
※写真のcmはmmの誤り

　翌月から、ジャガイモを取り入れることにした。すると、うんちのサイズがどんどんと大きくなっていくのである。三〇センチから四〇センチへ、さらに五〇センチへと、もうこれ以上は無理だろうと思ったら、なんと六五センチの「一本物のうんち」が出た。さらにその直後、小さなうんちがいくつも出て、最終的な延べの長さが、一メートル三センチにもなったのだ。この月の平均の長さは、優に四〇センチはあっただろう。

　脂ののった狸や、キノコなどの山の幸、あけびに柿などの里の幸、さらにサンマやひじきなどの海の幸をいただきながら、秋も深まっていった。そんなある日のこと、延べの長さ「二メートル二三センチ」のうんちが生み出されたのである。生み出しながら、「いったい、いつになったら終わるの……？」と心配になったほどだった。

二年ほど研究して思ったが、木の実を中心とする自然的な食にすると、少しの量で満足感が生み出され、しかも最大限そのもののエネルギーが生かされて力となり、最後に搾り切った小さなかすが出るといった感じなのだ。

逆に、穀類やイモ類を中心とする人工的な食だと、少しの量では物足りなく感じ、たくさんの量を食べてしまう。しかもそのもののエネルギーがすべて使われず、余剰なものとして大きなうんちとなり、出てくると感じた。

私達は、この「大きなうんち」に象徴されるような無駄な暮らしをしていないだろうか。この「大きなうんち」さえ生かすことができず、お金と水とエネルギーを使って処分しているありさまなのだから。

今、世界人口が七七億に達する中で、世界の食料事情は、切羽詰まっている。今こそ、大量消費する無駄な暮らしを見直し、少量消費の暮らしを構築するために、日々の努力を始める時ではないだろうか。

三畳の小屋の周りに埋められた「うんち達」は、次なる命のエネルギーとなるだろう。そしてまた、私達に美味しい命を届けてくれるのだ。

〝うんち〟は、汚いものでも無駄なものでもなく、ありがたいものであることを、子供達に伝えていきたい。原始人達もきっと子供達に伝えたであろう……。

石斧の素晴らしさ

「世界は広し」といえども、「石斧が素晴らしい道具だ」なんて言う人間はすずめの涙ほどであろう。

しかし私は、真脇縄文小屋で縄文時代のものづくりを、さらに時代を遡り、旧石器時代の丸木舟づくりを体験したことで、石斧に魅了されてしまったのだ。とにかく、石斧の大好きなところをお話ししたい。

まず、石斧は石と木の枝と縄があればつくることができる。要領さえわかれば、

最初につくった磨製石斧

子供でも立派な石斧をつくれる。子供の頃から、石斧でものづくりを積み重ねれば、石斧使いの名人になれるだろう。

しかし、石斧の能力を十分に発揮できる技術者になったとしても、どんな硬い木でも伐れたり、どんなものでもつくれたりするわけではないのだ。石斧の能力には限界があるが、この限界を越えない範囲のものづくりこそが、人間の欲望に歯止めをかけ、生態系を丸く収めてくれるよさがあるのではないだろうか。

私は、「人間の思い通りにさせない道具」が大好きだ。

現代社会の暮らしには、ハイスピードで効率よく仕事をこなさなければ、利益が生まれず暮らし向きがよくならないという殺伐とした雰囲気があるが、石斧を手にすると穏やかな心持ちになる。「時は金なり」の束縛からの解放感は、たまらなく刺激的なのだ。人間本来の生き方は、ここにあると確信してしまうほどだ。解放された心は、とても敏感に自然を感じ取る。

「コン、コン、コン」と響き渡る石斧の音は、すぐに森の静寂に吸い込まれていく。同時に、風の声、虫の声、小川のせせらぎがいつになく聞こえてくる。足元のアリ達の足音まで聞こえてくるかのように、心が研ぎ澄まされていくのである。無論、木の声も伝わってくる。まさに森羅万象の営みを感じることができる道具なのだ。

鉄斧やチェーンソーのように、バリバリと力強く仕事はしてくれないが……。

以前、石斧を鉄斧と同じように激しく使ったら壊れやすいことに気づき、それかららはゆっくりやさしく使用することを心掛けている。驚くことに石斧は、生身の人間と同じように疲労を感じる道具なのだ。壊れる前に休憩を取り、疲労を溜め込ませないことが必要だ。

丸木舟の用材を伐る時も、仕事をしているより、ひと息入れている時間の方が長いほどだった。現代の機械の仕事では考えにくいが、これが手仕事の本来の姿なのだ。ひと息入れている時に、万物と対話するのがとても楽しく、心を豊かにしてくれる。

「道具は職人の魂だ」と言われるが、心を込めて大切につくり、大切に使った石斧には確かにその人の魂が宿る気がする。そしてとても美しく輝いているのだ。たとえ刃が欠けたり、半分に折れてしまったりした石斧にも、何かを語りかけてくる力がある。まるで原始時代の石斧達が、私達に何かを語りかけてくるように。

この次元を飛び越える「伝える力」が生まれるのは、原始人達が石斧という道具を愛していたからだと私は思っている。だからこそ、壊れてもその輝きは永遠なのだ。その輝きの中に、未来への希望を感じるのは私だけではないだろう。

持続可能な暮らしのための道具

なぜこれほどまでに原始人に愛された石斧が、文明からは見向きもされないのであろうか。

石斧は、基本的な人間生活に必要なものを生み出し、人間の理想を実現してくれる大切な用具である。いつの時代であれ、基本的な人間生活は普遍的なものであるが、人間の理想が忘却させられたことによって、土の中に眠ったままなのだろう。人間の理想とはいったい何だろう。私はこう考えている。地球上の生態系のすべてのものが、仲よく楽しく暮らせることだと。

道具は、すべてのものが幸福になるために使われるものであり、決して人間だけが幸せになるために存在するものではないのだ。

このことをしっかりと認識したうえで、文明人は鉄斧を生み出し、使い始めたのだろうか……。皮肉なことに道具には、人の心を魅惑する魔力がある。道具を使う人間に正しい人間性を保持できる力がなければ、暮らしさえも変わってしまう。

石斧の能力以上の魔力が鉄斧にはある。例えば、どんな硬い木でも切れることや、石斧より五倍も速く木を伐採することができる。さらに機械のチェーンソーはその九〇倍も速いのだ。

私達文明人は、このような計り知れない道具の能力が、どのように生態系に影響を与えているのか理解しているだろうか。ただその力に魅了され、人間生活に必要な品物を速く大量に製造してくれる「ありがたい道具」として当たり前に受け入れていないだろうか。

ショッピングモールにはたくさんの品物が並ぶが、それらは本当に必要な物ばかりだろうか。広い売り場に所狭しと陳列された品々を見るにつけ、「なくても暮らしていけるよな」と思ってしまうのは、原始人の私だけであろうか……。

石から鉄へ、鉄から機械へと道具は変化した。そのハイパワーにより今の全世界の暮らしを維持しているのは、紛れもない事実である。

仮に明日から化石燃料が使えなくなったら、この地球上であたふたするのは人間様だ。いかに人間界が生態系から外れた暮らし方をしているかは一目瞭然だ。

「そんな綺麗ごとだけでは世の中、生きていけません」

そんな声もあるだろう。確かにお金で暮らしが成り立つうちはその言葉も通用すると思うが、明日から海の魚がいなくなったらどうだろうか。

私は、未来を担う子供達に希望の光を感じている。子供達との授業で、石斧・鉄斧・チェーンソーの話と実演をしてから、「これからの持続可能な世界の暮らしをつくり上げるために、あなたが手にする道具はこの三つのうちどれですか」と質問すると、悩む間もなく「石斧！」と元気よく即答する。

私は大人の責任として、子供達が大人になった時、「石斧」を手にして暮らしていける社会を構築しなければと切実に思っている。

授業の最後には子供達に、「たとえどんな道具を手に取っても、人間性だけは失ってはいけない」と伝えている。

石斧でさえ心一つで、破壊の道具にも、無闇に命を奪う戦争の道具にもなる。神聖な道具として使用するには、「道具と人間性が一心一体」になることが必要なのだ。

人間は手が器用に使えても、素手では木を伐ったり、動物を解体したりはできない。道具が存在して初めて、手の能力を引き出せるのだ。道具はまさに、「人間らしさの象徴」なのだ。しかし私達文明人は、「神聖な」道具となるような使い方を忘れている。その要因は、人間性の埋没にある。

自然界からほかの命を直接いただく生業から、大半の人が離れてしまい、お金さえあれば目の前にご馳走が並ぶ時代である。「食べることは、ほかの命を奪うこと」という原理と、ほかの命の実体が浮かんでこない状況であれば、「人間性の埋没」を証明していることになる。

今こそ、深く埋没させてしまっている「正しい人間性」を掘り出さなければならない。そしてこの「人間性」とは何かを、大人は子供達に口先だけでなく、身をもって伝えていかなければならないのだ。子供達はそこから、考え、学び、探し出すことができるのだ。すべてが、丸く収まる道具とは何かを。

おわりに

「なぜ、今あなたはここに存在するのか？」と問われたとき、あなたの祖先が成し遂げてきた七〇〇万年の命のリレーが想像できるだろうか。

現代の乗り物や文明の利器のない時代である。原始人達は、一寸先は闇の未開の地に、一歩を踏み出す命懸けの旅をした。そのおかげで私達はここに生きているのだ。

なぜこれほどまでして、彼らは旅をしなければならなかったのだろう。

確かに考えてみれば、限られた場所では限られた人達しか生きられない。その場所で人口が増加すれば、いやおうなしに他へ移動しなければ生きられない。同時に人口を拡散することで、人類が生き延びる可能性を高めてきたのだ。これも生命原理の一つの行動であろう。

今、人類は命をつなげる行動（生命原理）を起こさねばならない時を迎えたのだ。なぜなら自らの暮らし方が自然環境を破壊し、大きく舵を切る岐路に立たされていることを、自覚したからだ。

しかし私達は、原始人達のように覚悟を決めて、その行動ができるだろうか。一歩先は、想定外のことに満ち溢れた世界だ。草むらには、人類がいまだ見たこともない恐ろしい生き物が潜んでいるかもしれない。毎日が恐怖の連続だ。こんな恐怖に満ちた行動はできないと思われるだろう。私も同感だ。

しかし原始人達は、自然淘汰の中で、数百万人ほどの世界人口を維持しながら、未知なる大自然を生き抜き、七〇〇万年の命のリレーを成し遂げてきたのであるのだ。

ところが、ある人間達が今から五〇〇〇年前に、七〇〇万年続いてきた原始時代に終止符を打った。都市国家・金属・文字・記念建造物・宗教・身分制度・侵略の要素のもとに文明を築き上げたのだ。

文明とは、「学問や教育が盛んになり、人間の頭がよくなり、世の中が進歩すること」だそうだ。しかし私達の文明的暮らしによって自然環境が破壊され、あらゆる生物が絶滅の危機にさらされている。

この状況を改善するため「文明の力」を駆使しているのだが、この破壊的暮らしから脱却できないでいる。

それどころか、文明の力を使えば使うほど悪循環に陥っている。しまいには、エコなキャッチフレーズであたかも効果があることを宣伝し、根本的な原因を見失いかねない状況だ。五〇〇〇年間、「文明とは進歩の暮らしである」と信じ、文明的な暮らしを豊かにする開発を続けてきた挙げ句の果てが、この世界のありさまである。

今こそ文明的（破壊的）暮らしを見直し、七〇〇万年命をつなぎ、文化的（持続的）暮らしを実践してきた原始人に学ぼう。

そして、すべてのものが、仲よく楽しく面白く暮らせる宇宙船地球号を理想とし、一人ひとりの暮らしの中で変革できる、小さなことから行動を始めよう。

この小さな行動を、あなたが笑顔で起こしたら、世界は一変するだろう。笑顔こそ、知性あるホモ・サピエンスの証なのだから……。そして世界を一つにする鍵なのだ。

先祖返りした原始人のような人間に目を留めてくれた平凡社新書編集部の濱下かな子さんには、本当に感謝している。

そして最後に、執筆を支えてくれた地球上のすべてのものに「ありがとう」と伝えたい。

萌え出る力につつまれた原始小屋にて

二〇二〇年四月七日

雨宮国広

参考文献

千葉とき子、松原聡、白尾元理監修『鉱物・岩石』「新ポケット版 学研の図鑑」 学習研究社 二〇〇七
安藤邦廣、乾尚彦、山下浩一『住まいの伝統技術』建築資料研究社 一九九五
山田幸一『図解 日本建築の構成――構法と造形のしくみ』彰国社 一九八六
桜町遺跡発掘調査団『桜町遺跡シンポジウム――考古資料から建築材・建築技術を考える』桜町遺跡発掘調査団 二〇〇五
佐原真『斧の文化史』東京大学出版会 一九九四
松戸市立博物館編『石斧と人――3万年のあゆみ』松戸市立博物館 二〇一六
島根県立古代出雲歴史博物館編『隠岐の黒曜石』島根県立古代出雲歴史博物館 二〇一八
新潟県埋蔵文化財センター編『丸木舟の考古学』新潟県埋蔵文化財センター 二〇一八
勅使河原彰『ビジュアル版 縄文時代ガイドブック』新泉社 二〇一三
堤 隆『狩猟採集民のコスモロジー――神子柴遺跡』新泉社 二〇一三
長門町立黒耀石体験ミュージアム編『黒耀石の原産地を探る――鷹山遺跡群』新泉社 二〇〇四
関根秀樹編著『原始生活百科――キミも原始人になってみよう』創和出版 一九八七
佐藤洋一郎『食の人類史――ユーラシアの狩猟・採集、農耕、遊牧』中公新書 二〇一六
小林 茂編『人権の歴史――同和教育指導の手引』山川出版社 一九八一
海部陽介『日本人はどこから来たのか?』文藝春秋 二〇一六
海部陽介『サピエンス日本上陸――3万年前の大航海』講談社 二〇二〇
ジョナサン・ポリット『地球を救え』芹沢高志訳 岩波書店 一九九一

【著者】
雨宮国広（あめみや　くにひろ）
1969年、山梨県出身。縄文大工、建築家。丸太の皮むきのアルバイトをきっかけに、大工の道へ進む。古民家、社寺文化財修復の仕事で、先人の手仕事に出会い感動。手道具のみでの伝統的な手法に傾倒する。2009年に石斧と出会い、東京都立大学の山田昌久教授と共に、能登半島の真脇遺跡で縄文住居の復元に携わる。その後、国立科学博物館の日本人のルーツをたどる「3万年前の航海　徹底再現プロジェクト」では、台湾から与那国島へ渡る丸木舟を制作した。現在は手道具のみで自作した小屋に暮らす。

平　凡　社　新　書　9　5　5

ぼくは縄文大工
石斧でつくる丸木舟と小屋

発行日——2020年9月15日　初版第1刷

著者———雨宮国広
発行者——下中美都
発行所——株式会社平凡社
東京都千代田区神田神保町3-29　〒101-0051
電話　東京（03）3230-6580［編集］
東京（03）3230-6573［営業］
振替　00180-0-29639
印刷・製本—株式会社東京印書館
装幀———菊地信義

ISBN978-4-582-85955-3
NDC分類番号210.25　新書判（17.2cm）　総ページ224
平凡社ホームページ　https://www.heibonsha.co.jp/